Los 88 Peldaños del Éxito

Anxo Pérez

Los 88 Peldaños del Éxito

Usamos el 1 %
de nuestro cerebro.
Accede al 99 % restante

Obra editada en colaboración con Centro de Libros PAPF, S.L.U. – España

Diseño de portada: Microbio Gentleman

© 2014, Anxo Pérez

© 2014, Centro de Libros PAPF, S.L.U. – Barcelona, España

Derechos reservados

© 2015, Editorial Planeta Mexicana, S.A. de C.V.
Bajo el sello editorial DIANA M.R.
Avenida Presidente Masarik 111, Piso 2
Colonia Polanco V Sección
Deleg. Miguel Hidalgo
C.P. 11560, México, D. F.
www.planetadelibros.com.mx

Primera edición impresa en España: mayo de 2014
ISBN: 978-84-15678-65-6

Primera edición impresa en México: julio de 2015
ISBN: 978-607-07-2883-9

Impreso en los talleres de Litográfica Ingramex, S.A. de C.V.
Centeno núm. 162-1, colonia Granjas Esmeralda, México, D.F.
Impreso en México – *Printed in Mexico*

DEDICATORIA

De: _____

Para: _____

Fecha: _____

Éstos son los Peldaños de Oro que yo te regalo.
Al leerlos pensé en ti.

1.º PELDAÑO NÚMERO _____

2.º PELDAÑO NÚMERO _____

3.º PELDAÑO NÚMERO _____

SUMARIO

PRÓLOGO

¿TE APETECEN UNAS IDEAS NUEVAS?

Hay personas que nacen para cambiar el mundo. Mientras otros se divierten ellos trabajan y trabajan porque están embarazados de una idea y eso les da una energía inagotable. La naturaleza es así, cuando estás embarazado de una idea tú sólo eres un vehículo para que eso se haga realidad y hasta que no lo consigues no puedes parar. Anxo tuvo un embarazo de este tipo y se empeñó en crear un sistema para aprender chino en ocho meses. ¿Está loco? No más que Edison cuando se empeñó en hacer la bombilla. Imaginemos solo por un momento lo que se tuvieron que reír de este hombre cuando dijo que iba a inventar un artefacto para llevar la luz a todas partes... Seguramente alguien preguntó: «¿Y cómo llegará la electricidad?». A lo que contestaría: «Llenando de cables el planeta entero». Me imagino el jiji y el jaja cuando se diera la vuelta... Sin embargo, ahora mismo estás a menos de cuatro metros de un interruptor. Así de rara es la vida de los que cambian el mundo. Volviendo al autor, por curioso que parezca yo he aprendido chino con su sistema y lo que es más importante, nos hemos hecho amigos. Anxo es un buscador de métodos para que las cosas mejoren. Busca la perfección con hambre y está siempre ligeramente inquieto por si en algún momento le pasa una nueva idea por la cabeza. El libro que tienes en tus manos está lleno de algunas de sus magníficas fórmulas que le han servido para orientarse en situaciones desconocidas y difíciles. Yo diría que en este libro no solo hay reflexiones, también hay un mapa y un destino... Inspirar a otras personas. Creo que lo ha conseguido.

PABLO MOTOS

INTRODUCCIÓN

Míster Meticulous se encuentra con Míster Easy por la calle transcurrido un mes desde la última vez que se vieron.

—*Qué gusto verlo, Míster Meticulous. ¿Qué tal su nueva empresa? ¿Dio por fin con el logotipo para su marca?*
—*Sí. Nos llevó un mes, pero valió la pena. Observe.*
—*Hmmm... ¿Dibujar este logo tan sencillo les ha llevado un mes?*
—*No. Dibujar el logo nos llevó cinco minutos. Lo que nos llevó un mes fue dar con él.*

Los 88 Peldaños del Éxito es el resultado de trece años de un meticuloso trabajo de observación y selección, desde tres continentes distintos, que me ha permitido identificar lo que considero que son los secretos de cómo alcanzar el éxito. Lo difícil no ha sido escribir los 88, sino descartar más de mil para llegar hasta ellos. Son escalones independientes pero que juntos forman la Escalera del Éxito. Pueden ser leídos de forma aleatoria. Lo importante no es el orden, sino su asimilación y aplicación.

Lo que tienes entre tus manos es un libro único. En mi empresa y en mi vida procuro hacer estimaciones conservadoras, pero esta vez no lo haré. Tengo una humilde y sincera confianza en que si cuentas con una exclusivísima lista de libros estrella, *Los 88 Peldaños del Éxito* entrará en ella, por un motivo concreto: pondrá en tus manos las herramientas del éxito y te permitirá aprovecharlas hoy mismo. Y te pido que si mi predicción se cumple, no leas el libro una sola vez, sino una vez todos los años. Las claves del éxito que lo forman no son para ser leídas y almacenadas, sino para ser releídas e interiorizadas. Releerlo sólo hará que cada uno de sus Peldaños cobre más vida en tu mente y más sentido en tu vida.

He redactado estas páginas con una predicción en mente sobre el efecto que este libro tendrá en ti. Mi predicción es que muchos te resultarán simplemente interesantes, algunos impactantes y **unos pocos de los Peldaños revolucionarán tu forma de ver la vida**. De los tres grupos, el que más me interesa es el tercero. Es el grupo de los Peldaños de Oro. Aquél con un impacto láser en tu día a día.

Sobre él me gustaría pedirte un favor: hagas lo que hagas, hazlo tuyo. Subráyalo, recórtalo, sácale una foto o escríbelo con pintalabios en el espejo donde te laves los dientes a diario, pero no dejes que caiga en el desaprovechamiento. Si tiene el poder de revolucionar tu vida, permite que lo haga. Si has visto valor en él, es porque tiene una magia que lleva tu nombre y esa magia desea ser aprovechada. Ese exclusivo grupo de Peldaños con el poder de agitar tu forma de pensar es algo que sólo una persona en este mundo puede definir: TÚ. El grupo de los Peldaños de Oro que tú identificarás al leer el libro es tu escultura. Y tú, su único escultor.

Si a los cuatro años me hubiera encontrado con una pitonisa y me hubiera predicho el futuro, supongo que mis ojos habrían revelado mi incredulidad ante cada una de sus palabras:

—*A los cinco años aprenderás a tocar el piano. Luego aprenderás cinco instrumentos más y cantarás.*

—*¿Cantar?*

—*Sí. Darás conciertos en seis países, actuarás en televisión y publicarás un disco de música original compuesta por ti.*

—*¿Seré músico?*

—*No. A los quince años te irás a vivir a Estados Unidos solo, sin familia ni amigos.*

—*¿Yo? ¿Solo? ¡Qué miedo!*

—*Ay, niñito. El miedo muere el mismo día en que te pones en marcha. Te vas a sorprender. Allí trabajarás cortando el césped en residencias de particulares y repartiendo pizzas durante un tiempo para poderte pagar tus estudios universitarios.*

—*¿Y qué estudiaré?*

—*Espera. No seas impaciente... Dejarás esos trabajos y sacarás beneficio de tus principales habilidades.*

—*¿Cuáles?*

—*Los idiomas y la música. Hablarás inglés, español y francés, e impartirás clases de ellos, de guitarra y de piano.*

—*Entonces... ¿Seré profesor?*

—*No exactamente. Lo dejarás para trabajar como intérprete en la policía, luego el Tribunal Supremo de Virginia, después el Senado de los Estados Unidos y finalmente para el FBI.*

—*¿... El efe qué?*

—*Dominarás nueve idiomas y llegarás a ser el traductor simultáneo del presidente de los Estados Unidos, Barack Obama, y profesor universitario en la James Madison University de Virginia. Con veinte años serás el primer español en dirigir un coro de música góspel en una iglesia afro-americana estadounidense. Obtendrás cinco titulaciones universitarias en norteamérica y centroeuropa, y un premio académico de matemáticas en Estados Unidos. Trabajarás como consultor económico en la ONU, en Sui-*

za, durante dos años, y en ese tiempo te presentarás al casting de un largometraje donde conseguirás el papel principal. Dejarás la ONU por el cine y luego crearás una empresa que generará 40 puestos de trabajo en sus primeros tres años, crecerá más de un 2.000 por ciento, y será portada de todos los periódicos nacionales. Se llamará 8Belts.com y será el primer método a nivel mundial que enseñe un idioma en menos de ocho meses.

—*Disculpe, creo que se ha equivocado de niño. Yo soy de un pueblo muy pequeño, que se llama Finisterre. Mis padres solo tienen una tienda y yo apenas hablo el castellano y un poco de gallego. Soy un niño corriente, con una vida corriente y con una familia corriente. ¿Seguro que este futuro no corresponde a otro?*

—*No. Es el tuyo.*

Lo importante no es cómo de modesta es la salida, sino cómo de triunfante es la llegada.

Si hay algo que espero transmitirte por encima de todo mediante este libro es que yo no soy más especial que tú ni que otros. Mis talentos no son mayores. Solo diferentes. Mi propósito es demostrarte que no hay un solo motivo por el que tú no puedas hacer, no lo mismo, sino mucho más que lo que yo he hecho. La clave: interiorizar y dejarte guiar por las máximas que hay recogidas entre ésta y la página 275. Todas ellas son el resultado que he ido obteniendo cada vez que esculpía mis días. Son lecciones que yo escuchaba mientras la vida me hablaba.

El éxito es como un cisne que se compone de dos partes. La que todo el mundo ve es la reluciente, la bella, la que sobresale por encima del lago. Pero ésa es solo la mitad de la realidad. Bajo esa figura flotante está la parte sumergida; aquella en la que nadie repara. Esa parte son las patas. Mientras todos contemplan la tranquilidad del cisne, bajo el agua sus patas no dejan de agitarse y patalear. Ése es el motor de su éxito y el que lo ha traído hasta donde está. Ésa es la parte que a mí me interesa. La que la gente no ve.

Hace años que me intento aplicar la historia del cisne y te animo a que hagas lo mismo. Ojalá la próxima vez que te encuentres a una persona de éxito surja en tu mente la imagen no de su bella cabeza y cuello, sino la de sus patas agitándose, y en lugar de admirar o incluso recelar del éxito de esa persona, pienses en los cientos, tal vez miles de horas que tuvo que trabajar para llegar hasta allí. La pregunta no es «¿sería yo capaz de disfrutar de su mismo éxito?», sino «¿sería yo capaz de realizar su mismo esfuerzo?».

No admires su éxito, admira su esfuerzo. Lo primero sólo te empuja a anhelar. Lo segundo te empuja a superarte.

No te preguntes si podrías estar tú ahí, sino si estarías dispuesto a hacer todo lo necesario para llegar.

Hay varias motivaciones para escribir un libro: ganar dinero con él, ganar notoriedad como autor, ganar un premio o incluso ganar influencia como experto, pero la que me ha llevado a coger la pluma a mí es otra: conseguir que estos 88 Peldaños sean tus semillas del éxito.

Si lo consigo, tú tendrás éxito, el mundo habrá mejorado un poco, tu vida y la mía tendrán algo más de sentido y mi esfuerzo habrá valido la pena.

Tu éxito será mi pago.

No busco más.

1. EL ENEMIGO DE LA VIDA NO ES LA MUERTE. ES EL DESAPROVECHAMIENTO

La vida es una tienda de golosinas en la que sólo hay una condición: el caramelo que no comes, lo pierdes. Cada caramelo es un día de tu vida, y cada día desaprovechado es un caramelo perdido.

¿Qué habría sido de la historia del baloncesto si Michael Jordan nunca se hubiera cruzado con una canasta?

Cada área de nuestras vidas es un ámbito en el que aplicar algún talento. El número de talentos es infinito, igual que lo es el número de áreas. El baloncesto es tan solo una más de una lista sin fin. La pregunta que me interesa es ¿cuántos de nosotros seríamos Michael Jordan en alguna de esa infinita lista? Estoy seguro de que cada vez que alzas la vista en la calle, el autobús o en un centro comercial para mirar a alguien, estás contemplando a un Michael Jordan desaprovechado en algo. Mi convicción es que todos somos Michael Jordan en al menos un área de nuestras vidas, por pequeña que sea.

Si das diez cuando podrías dar cien, no has ganado diez. Has perdido noventa. Lo importante no es cuánto tienes, sino cuánto lo aprovechas. El objetivo de la vida no es que sea vivida. Es que sea aprovechada.

Lo peor que te puede pasar no es no tener una mina de oro, sino tener la mina y no haber extraído el oro. Si no la tenías, nada tienes que lamentar, mientras que si la tenías y dejaste el oro sin extraer, siempre tendrás que vivir con la carga de no haberlo extraído.

La virtud de poseer conlleva la responsabilidad de no desperdiciar.

#88peldaños
El enemigo de la vida no es la muerte.
Es el desaprovechamiento
@anxo8BELTS

2. QUE EL TIMÓN DE TU VIDA SEA LA ELECCIÓN Y NO LA INERCIA

#88peldaños
No gravites hacia tu objetivo. Elígelo.
@anxo8BELTS

Permíteme lanzar una pregunta al aire un tanto provocadora:

Si nadie dejaría a la sociedad conducir su coche, ¿por qué dejarla que guíe su mente?

La mayor parte de la gente nunca llega a conducir. Es pasajera en los coches de otros.

La mayor parte de las decisiones de las personas no están tomadas por ellas. Vienen decididas de antemano. Son prototipos sociales a los que la gente se adhiere. Unos en mayor y otros en menor medida acabamos casándonos cuando la sociedad espera que nos casemos, estudiando lo que los expertos dicen que tendrá mayor salida, ejerciendo en lo que la tradición familiar impone, o viajando a los que nos dicen que son los mejores destinos turísticos.

Una parte de estas decisiones es bueno que sean enlatadas. No sería sostenible que cada miembro de la sociedad cuestionara cada una de las decisiones que son tomadas. Pero en general existe un exceso de complacencia que hace que en lugar de elegir nuestros objetivos, gravitemos hacia ellos. Esto es un problema porque el éxito no está en la inercia, sino en la elección. Creo que efectivamente no tiene nada de malo dejarse llevar de cierta manera cuando se trata de decisiones pequeñas, pero en las grandes, en las que conducen al éxito,

---

no seas un pasajero más del tren social. Sé el maquinista de tu propio tren.

Piensa por qué crees aquello en lo que crees, por qué le das un tercio de tu vida a este trabajo y a este jefe, por qué aprendes lo que estás aprendiendo, por qué vives en el lugar en el que vives, por qué sales con los amigos que sales. En una frase, por qué te has levantado hoy por la mañana para hacer lo que hoy has hecho.

Mi hermana Paula, sin quererlo, me enseñó la importancia de este Peldaño cuando decidió dejar un jugoso puesto en banca para dar vida a Elsavadeboda junto a nuestra otra hermana, Carla. Era el sueño de toda una vida por crear un concepto de tienda de moda que rompiera moldes y estándares, que vistiera a sus clientas de los pies a la cabeza en lugar de tan sólo una parte de su cuerpo. El cambio suponía dejar lo convencional para abrazar lo pasional, rechazar lo esperado por otros para elegir lo deseado por ellas, y el mercado recompensó esa pasión con un enorme éxito. Permanecer en la ruta convencional hubiera supuesto un inmenso desaprovechamiento tanto para ellas como para los miles de clientes que se alegran de que Elsavadeboda exista.

Ser el verdadero autor de la historia de nuestras vidas, trazar nuestros propios senderos en lugar de caminar los trazados por otros, pintar nuestros propios cuadros rechazando las plantillas, poder desafiar la inercia y volar constituye la más bonita de las libertades. Y la más desaprovechada.

Si el médico al tenernos en brazos justo después de nacer pudiera grabar un mensaje en nuestras mentes, dado por nuestras madres, para que nos acompañe el resto de nuestras vidas, ésta es la frase que todas las madres elegirían:

«Hoy te doy tu vida. Éste es mi regalo para ti. Por favor acéptalo y no permitas que nadie lo viva por ti.»

3. QUE LAS UTOPÍAS NO PUEDAN CONSEGUIRSE, NO QUIERE DECIR QUE NO DEBAN BUSCARSE

Sueña. Soñar es traspasar límites. Es el primer paso para hacer que lo irreal se convierta en real. Es actuar como si las barreras que te separan de tus sueños no existieran por un momento. Ese instante es bonito porque es en el que todo es posible. Al soñar hacemos que ese momento se alargue y, en algunos casos, que incluso se convierta en permanente. Para que así sea, primero tienes que imaginarlo, y para imaginarlo necesitas soñarlo.

Einstein decía que en los momentos de crisis, solo la imaginación es más importante que el conocimiento. Soñar es pensar a lo grande. Es apuntar a la luna sabiendo que si te quedas corto, alcanzarás las estrellas.

Lánzate por ello aunque la probabilidad de éxito no sea alta. La de las grandes hazañas nunca lo es.

Soñar produce opciones y alternativas que no habrían surgido de no haber soñado. Desencadena posibilidades que unos minutos antes eran imposibles porque da vida a ese sueño y lo acerca a la realidad. Deja de ser inexistente desde el momento en el que existe en tu mente.

Yo tenía un sueño: revolucionar la enseñanza de idiomas. Quería crear el primer método que por primera vez vendiera en base a resultados, de manera que si no funciona, no pagues. 8Belts se convirtió en el primer método que enseñaba un idioma en menos de ocho meses estudiando 30 minutos al día. Si tras invertir ese tiempo no hablas el idioma, recuperas tu dinero. Tenía todas las papeletas para el fracaso: chico humilde, de familia humilde, de un pequeño pueblo en un cabo de Galicia, cero contactos, casi sin financiación, en plena crisis económica y con el propósito en mente de conseguir algo que nunca nadie había conseguido a nivel mundial.

Durante los dos primeros años de vida casi nadie creía que nuestro slogan de enseñar un idioma en menos de ocho meses fuese cierto. A día de hoy, ya casi nadie cree que sea *incierto*. Crecimos un 2.000 por ciento en tres años, hemos sido portada de prácticamente todos los periódicos españoles y hemos conseguido que miles de personas de todo el mundo hayan aprendido el chino mandarín. Por si fuera poco, tras el segundo año en el mercado, el gobierno chino envió una delegación de su canal público, CCTV, a nuestras oficinas para hacer un reportaje porque averiguaron que existía un método para hablar chino en menos de 8 meses y que ese método estaba en España.

Los dos «nunca» más sagrados son éstos:

Nunca te rías de los sueños de nadie.
Nunca permitas que nadie se ría de los tuyos.

#88peldaños
Que las utopías no puedan conseguirse,
no quiere decir que no deban buscarse.
@anxo8BELTS

4. NO PUEDES CONSEGUIR MÁS QUE NADIE...

...HACIENDO LO MISMO QUE TODOS.

**Es necesario buscar un camino diferente
si quieres llegar a un destino distinto.**

Al preguntar a nuestros clientes «¿cómo nos conociste?», dábamos varias opciones a modo de formulario que incluían las siguientes:

— por la prensa
— por un amigo
— por una campaña de publicidad
— buscando por internet
— anuncios de Google

Detectamos un grave sesgo. La última opción era la más seleccionada incluso en las épocas en las que no habíamos comprado ninguna publicidad en Google. Obviamente la estaban marcando aleatoriamente porque era la última opción y la más cercana al punto siguiente en el formulario. La seleccionaban no por ser más veraz, sino por ser más práctica.

¿Qué hicimos para remediarlo?

Algo muy poco usual. Creamos una nueva e insólita opción en la última posición:

«No quiero ayudar a que 8Belts mejore».

¿Resultado?

Casi todos nuestros clientes, casi sin excepciones, se sentían mal marcando esa opción, y al evitar hacerlo se estaban diciendo a sí mismos «yo no soy ese tipo de persona. Claro que quiero ayudarles a que mejoren». Acto seguido elegían la opción correcta a fin de corroborar sus propias palabras.

Piensa de forma diferente para obtener resultados diferentes.

Éste es un buen ejemplo de por qué pensar de forma diferente produce resultados diferentes, aun cuando su transcendencia para la empresa fuera menor. Sin embargo, hubo otros cuya transcendencia sí fue inmensa.

Cuando empecé a crear la metodología 8Belts, en el campo de la enseñanza de idiomas yo era un hereje. 8Belts no cuenta con libros de texto, ni lecciones gramaticales, ni ejercicios, ni exámenes, ni aulas, ni profesores. Si algunos iban en dirección noreste, otros norte y otros noroeste, nosotros habíamos decidido ir en dirección sur. No tenía el menor de los parecidos con cualquier sistema tradicional de enseñanza.

¿Por qué? Porque

si hubiéramos usado los mismos caminos, hubiéramos alcanzado el mismo destino.

Si hubiésemos decidido enseñar con libros de texto, ejercicios de gramática, aulas y profesores, hubiéramos obtenido exactamente los mismos resultados que los métodos convencionales.

#88peldaños
No puedes conseguir más que nadie haciendo lo mismo que todos.
@anxo8BELTS

5. LOS TESOROS SE ENCUENTRAN FUERA DE CASA

Si es un tesoro significa que es algo excepcional y único, y que se encuentra un paso más allá de donde la población está dispuesta a llegar, ya que los mayores premios suelen estar alejados de las masas.

Dejar la familia atrás para irse a vivir a un país diferente siempre es un paso difícil. Si ese país está al otro lado del Atlántico y además no tienes a un solo conocido allí que te pueda ayudar, el paso no da vértigo, sino miedo. En mi caso esa decisión la tomé con quince años, por lo que irme a Estados Unidos con esa edad y sin ninguna compañía, directamente se transformó en pánico. Pero...

#88peldaños
a la victoria nunca se llega apostando por no perder,
sino apostando por ganar.
@anxo8BELTS

Finisterre, Fisterra en gallego (yo uso ambos nombres), es un pueblo de pescadores, denominado así porque los romanos lo consideraban el fin de la tierra, el punto más occidental del mundo conocido. Es un lugar precioso con una belleza natural estremecedora, y al que obviamente amo con todo mi corazón porque me crió, pero siendo justos, no es el lugar con más bullicio del mundo. Un día me di cuenta de que si aspiras a más, tienes que estar dispuesto a pagar un precio mayor. Si fui capaz de dar ese paso y superar mis múltiples miedos, fue gracias al título de este Peldaño:

Los tesoros se encuentran fuera de casa.

Ir a Estados Unidos suponía poner fin al capítulo del desaprovechamiento para abrir el de la superación. Fue solo tras dar ese paso cuando mis pozos de petróleo pudieron salir a la luz y ser identificados.

Con quince años me defendía bien jugando al fútbol, ya hablaba varios idiomas y tocaba el piano, la harmónica, la flauta y la guitarra, aunque nadie en mi pueblo supiera de esos talentos, dado que no había tenido oportunidades de emplearlos (excepto el fútbol). Sin embargo, en tan solo unos meses en Estados Unidos ya había sido fichado por el equipo local de fútbol, reclutado para tocar el piano en un cabaret, y ganado un papel como actor/cantante en un musical.

Eso representó mis tesoros. Salir de casa propició encontrarlos.

La gente dice: «¿Qué pasa si me estrello?», pero yo digo: «¿Qué pasa si no arrancas?».

---

6. CON LA MONOTONÍA NO SE SUFRE, PERO SIN EL RIESGO NO SE CRECE

Si vas a ser un cazatesoros, el riesgo no es tu enemigo, sino tu mejor amigo. Es el riesgo, y no la seguridad, el que te hace descubrir paraísos.

El peor de todos los riesgos es el de no correr ninguno.

De la decisión de ir a Estados Unidos no me interesa tanto la decisión en sí como su antesala, y de ésta, un aspecto por encima de todos: las noches que pasé sin dormir pensando en si estaba loco por dar un paso así. Me interesa el miedo que sentía y cómo me enfrenté a él, ya que son copia exacta de lo que sentirás tú cuando busques tus propios tesoros.

Durante mil noches le di mil vueltas a las mismas mil preguntas. ¿Qué pasa si me sale mal? ¿Qué pasa si mi nostalgia me supera? ¿Qué ocurre si tengo un problema? ¿Qué sucede si no soy capaz de afrontarlo yo solo? ¿Qué pasa si...?

Esas preguntas me carcomían. Son las herramientas del miedo. Si el miedo es un pulpo, las dudas son sus tentáculos.

Como toda persona que se enfrenta a una disyuntiva, elaboré mi balanza con su plato derecho y su plato izquierdo, mi lista de pros y contras, pero al cabo de varios meses, cuando mi plazo para decidir se agotaba, mi disyuntiva solo había crecido. Lejos de haberse desequilibrado, el empate entre los argumentos a favor y en contra se había hecho mayor.

Quedarme en Fisterra suponía seguridad, confort, tener el amparo de mi familia, permanecer en el nido. En definitiva, no sufrir.

Con la monotonía no se sufre.

Irme implicaba enfrentarme al riesgo, superar peligros, inevitablemente recibir golpes (seguro que a veces muy duros), pero también descubrir tesoros y vivir experiencias y emociones únicas.

Sin el riesgo no se crece.

Un día, tras una de mis noches desvelado, dirimí mi disyuntiva:

Me di cuenta de que

Ningún pájaro ha nacido para quedarse en su nido.

Y llegué a la conclusión de que quedarme era vivir días cuya valoración era un cúmulo de *cincos*, mientras que irme supondría vivir días cuya valoración sería un cúmulo de *dieces* y *ceros*, y que aunque 5+5+5+5 fuese equivalente a 10+0+10+0, yo prefería apostar por lo segundo.

Es preferible a veces bueno y a veces malo que siempre regular.

#88peldaños
Con la monotonía no se sufre, pero sin el riesgo no se crece
@anxo8BELTS

7. EN LA ESCALERA DEL ÉXITO, EL PRIMER ESCALÓN SE LLAMA «CRISIS»

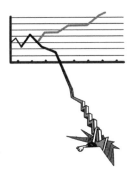

Hay algo curiosísimo que caracteriza a los períodos de mayor crecimiento y esplendor. Casi todos partieron de una crisis.

Te invito a que hagas un sondeo entre la gente de tu entorno y compruebes por ti mismo que la afirmación es correcta.

Con quince años me sentía en crisis porque mi cuerpo me pedía volar, pero mi entorno me encadenaba al suelo. Unos meses después emprendía rumbo a Estados Unidos para ver mundo y absorber experiencias como una esponja absorbe el agua. Con dieciocho años tenía callos en las manos de cortar el césped en residencias de gente adinerada y los pies hinchados tras turnos de doce horas repartiendo pizzas los fines de semana, para poder pagarme los altísimos costos de la formación universitaria en Virginia. Un tiempo después de la frustración de sentirme desaprovechado, era la persona más joven del equipo policial que protagonizaba importantes redadas en la zona de Washington trabajando como intérprete para la policía, la DEA (agencia antidroga estadounidense) y el FBI. Unos años más tarde volvería a tener la misma sensación de desaprovechamiento trabajando como traductor simultáneo en España. Yo quería crear, y a un traductor se le paga por no hacerlo. Ser traductor es ejercer un trabajo digno y que además puede ser muy enriquecedor, pero el día que dejas de hacerlo no se te echa de menos. Si no lo haces tú, lo puede hacer otra persona. Yo me moría por aportar valor al mundo y no sentir que estaba dando diez cuando sabía que podía dar cien. Esa sensación, siempre que la he tenido, ha sido la crisis que dio pie al esplendor posterior. Poco después de sentirme frustrado como intérprete, nacía 8Belts.com y miles de personas conseguían hablar chino en menos de ocho meses gracias a ello. En todos los casos, solo hubo éxito porque antes hubo crisis.

Pocos períodos han hecho más por el desarrollo humano que las épocas de crisis.

Si nos diesen a elegir entre estar medianamente mal (renqueantes) y estar fatal (en crisis), casi todos elegiríamos lo primero. Pero entre ambas situaciones, la primera es precisamente la más peligrosa.

Cuando estás renqueante, la insatisfacción no ha tocado fondo, y no tocar fondo es equivalente a no hacer nada para mejorar, porque la situación, aún siendo difícil, sigue siendo llevadera. Esto es lo que yo llamo vivir en la penumbra: tener una vida gris en la que no es de día ni de noche, no hace ni calor ni frío, y que precisamente por no estar en el extremo negro, puede alargarse indefinidamente en el tiempo. Eso es lo realmente peligroso.

En cambio, las crisis que tanto tememos son más territorio amigo que enemigo. Son insostenibles y eso las convierte en trampolines hacia el éxito, ya que precisamente por suponer una situación intolerable, hacemos lo necesario para ponerle fin y producir el cambio que conduce al período de bonanza.

#88peldaños
Si el esplendor es un proceso con forma de escalera,
la crisis casi siempre es su primer escalón.
@anxo8BELTS

8. LA CULTURA DEL SÍ

Formar parte de la cultura del Sí es ver soluciones donde otros ven problemas, alentar las iniciativas de otros en lugar de dinamitarlas con «peros», pensar en los motivos por los que podemos en lugar de en aquellos por los que tal vez no deberíamos, tomar el «siempre se ha hecho así» como argumento no para mantener la práctica, sino para revisarla.

#88peldaños
La Cultura del Sí es tener miedo no a caer, sino a no levantarse.
@anxo8BELTS

Si en tu empresa o en tu trabajo no es habitual innovar, indudablemente se debe a que la gente no está presentando propuestas nuevas, que rompan con lo anterior. Es muy probable que esto se deba a que en la empresa reine la cultura del No: se ha entrenado a los empleados durante mucho tiempo para creer que en ese entorno el No es la respuesta más frecuente, y que no proponer cosas nuevas es más seguro que hacerlo. Gana quien no propone, porque sin propuesta no hay rechazo.

Cuando empecé a crear la metodología 8Belts, las personas más asentadas en el sistema tradicional de enseñanza me dijeron que no se podía enseñar de esa manera por estar fuera de los cánones estándar (¿recuerdas el Peldaño anterior «no puedes conseguir más que nadie haciendo lo mismo que todos»?). Cuando monté la empresa me dijeron que no podría hacerlo sin financiación (a día de hoy 8Belts todavía sigue sin haber usado un solo euro de financiación externa). Y cuando ya la habíamos lanzado, me dijeron que tardaría años en conseguir grandes clientes porque la única manera es entrar por abajo y subir lentamente por la pirámide corporativa.

Por suerte yo no les creí.

Ya me había casado con la Cultura del Sí.

—Perdone que interrumpa su almuerzo, señor Alierta. Me gustaría decirle la cosa más loca que haya oído en toda su vida.

César Alierta, presidente de Telefónica, se encontraba almorzando con dos ejecutivos en un restaurante cuando un joven emprendedor, con más dosis de pasión que de miedo y un tono que solo transmitía ilusión, sinceridad e inocencia lo abordaba con una frase no menos impactante que atrevida.

Sin decir una palabra levantó su mirada del plato y seguramente lo único que vio fue la sonrisa que ocupaba la mayor parte de mi cara.

—Me llamo Anxo Pérez. He creado un método de enseñanza que permite aprender el chino mandarín en menos de ocho meses. Nos ha llevado cinco años desarrollarlo y funciona en el 100 por ciento de los casos.

César Alierta me sonrió incrédulo.

Dos meses más tarde se firmaba un acuerdo entre 8Belts y Telefónica para que toda la cúpula directiva de la entonces cuarta operadora más grande del mundo pudiera aprender chino mandarín con nosotros.

Es tan complejo como innecesario explicar la importancia que ese acuerdo tuvo tanto para mí como para mi empresa. Tener un cliente como Telefónica en nuestra cartera no sólo nos dio una credibilidad que fue balsámica para los más (comprensiblemente) escépticos, sino que su compra de Rutas (un curso en 8Belts se denomina «Ruta») además confirmaba mis aseveraciones de que era posible crecer orgánicamente y sin inyección de capital externo.

Si cada problema es una mano y cada solución un guante, por cada par de problemas esperando a ser resueltos, existen al menos diez pares de guantes esperando a ser usados.

---

9. EL SÍ ESTÁ AL LADO DEL NO

Es una de las primeras lecciones que 8Belts como empresa me enseñó a mí y que yo siempre comparto con cada uno de los miembros del 8Team (así llamamos cariñosamente al equipo que formamos 8Belts):

«No te quedes en el No. Si avanzas por la misma ruta, un poco más abajo, verás que el Sí estaba justo al lado.»

Café perdido.
> —*Disculpe. ¿El menú incluye café?*
> —*No.*
> —*Ah, vale. Gracias.*

Café ganado.
> —*Disculpe. ¿El menú incluye café?*
> —*No.*
> —*Pero incluía vino, ¿verdad?*
> —*Sí.*
> —*Perfecto. Como no lo he tomado, ¿le importaría cambiármelo por el café?*

—*Pues no me lo han pedido nunca, pero no veo por qué no.*
—*Gracias.*

Cliente perdido.
—*¿Ofrecen ustedes clases de ruso?*
—*No.*
—*Ah, vaya. Qué pena. Adiós y gracias.*

Cliente ganado.
—*¿Ofrecen ustedes clases de ruso?*
—*No. Pero tenemos un método que permite hablar chino que es único en el mundo. Si no consigue hablarlo en menos de ocho meses, se le devuelve el dinero. Es eficaz y adictivo. Seguro que ni se lo había planteado, pero ¿le apetecería probarlo gratis? Sé que le gustará.*
—*Pues efectivamente no me lo había planteado, pero de acuerdo. No me importa probarlo.*

Futbolista perdido.
—*Chicos, siento mucho decirles esto pero tengo que dejar el equipo. Este año no podré participar porque tengo que concentrarme exclusivamente en mis estudios.*
—*Te echaremos de menos. Eres un gran compañero y uno de nuestros mejores jugadores.*

Futbolista recuperado.
—*Chicos, siento mucho decirles esto pero tengo que dejar el equipo. Este año no podré participar porque tengo que concentrarme exclusivamente en mis estudios.*
—*Miguel, nuestros partidos se juegan el sábado por la tarde y son solo de sesenta minutos. La semana tiene ciento sesenta y ocho horas. Seguro que de ciento sesenta y ocho existe al menos una en la que necesites descansar de tu estudio para luego rendir más al retomarlo. Y si esa hora existe, no me imagino mejor*

manera de desconectar tu mente que jugando a tu deporte favorito con tus mejores amigos.

Las tres historias son verídicas. La persona que pidió el café se lo acabó tomando gratis. El cliente interesado en el ruso acabó estudiando chino y Miguel sigue jugando a día de hoy en nuestro equipo de fútbol-7 cada sábado por la tarde.

Si sigues por la misma vía...
... un poco más abajo, justo al lado del No,
te está esperando el Sí.

#88peldaños
El Sí está al lado del No.
@anxo8BELTS

10. ¿TIENES SED?

Para conseguir el éxito, la primera condición es tener sed de él. Un deseo ferviente de alcanzarlo, cuando no lleva un plan, es solo *wishful thinking*, fantasías, pero cuando sí lo lleva, es una condición *sine qua non* para triunfar.

En la ruta hacia el éxito, la sed es el punto de arranque. ¿Quién emprende un camino tras fijarse una meta sin anhelo de alcanzarla? La sed es ese anhelo. El camino que transites, sin lugar a excepciones, siempre te azotará con tramos dificultosos. Es ahí donde todo tu aguante será puesto a prueba. Y es entonces cuando tu resistencia se apoyará en tu sed. Ella es tu porqué, tus ganas, tu ilusión, tu fuerza. Pero ¿de qué se alimenta? ¿Cuál es la fuerza que la nutre?

Tu amor propio.

Ten sed de aumentar tu conocimiento, de crecer como persona, de superar tus límites, de vencer tus miedos, de ampliar tus horizontes, de vivir nuevas experiencias, de forjar relaciones, de conocer a genios, de descubrir paraísos; y hazlo porque tu amor propio te empuja a ello y tu pundonor te lo pide a gritos, porque palpas que tu Yo del presente está a un paso de tu Yo del futuro, porque has decidido que es posible, que puedes, que lo mereces, que el triunfo te corresponde, que el esfuerzo vale la pena y tú también.

De los muchos escenarios que te puede ofrecer el futuro, hay uno en el que el éxito lleva tu nombre. Ten sed de él. Ten el amor propio que produce esa sed.

#88peldaños
Pregúntate «¿por qué no yo?» y no encuentres respuesta.
@anxo8BELTS

11. INCONFÓRMATE... Y ¡ACTÚA!

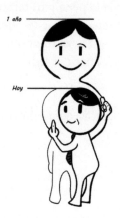

Si hoy no vas a crecer para ser más que ayer, ¿qué sentido tendría haberse levantado esta mañana?

Hoy sólo tiene sentido si tienes un objetivo que te permita crecer, mejorar como persona, aprender algo nuevo, alcanzar algo que ahora no tienes, trascender el lugar en el que ahora te encuentras. Pero para desear un molde nuevo, antes tienes que inconformarte con tu molde actual; inconformarte y cambiar, inconformarte y crecer, inconformarte y actuar.

Existen dos tipos de inconformismo, uno destructivo y otro constructivo. Siempre que el inconformismo te lleve a la queja es un inconformismo negativo, y siempre que te conduzca a la acción, se trata de un inconformismo positivo. Aléjate del primero como de la peste y agárrate al segundo como a la vida, ya que es el primer paso en la ruta del crecimiento.

Inconfórmate **es la semilla del cambio.**
Solo mejorarás tu futuro el día que decidas
inconformarte con tu presente.

Inconfórmate con lo que eres para ser más, con lo que sabes para aumentar tu conocimiento, con el punto en el que estás para alcanzar el siguiente, con tus éxitos conseguidos para alcanzar los que están por llegar. Inconfórmate para ser, inconfórmate para aprender, inconfórmate para crecer.

Te formulo una pregunta trampa. ¿Serías capaz de darme un solo motivo por el que en un año a partir de hoy no puedas ser el doble de listo, el doble de sabio, el doble de interesante, tener el doble de conocimiento o el doble de éxito? En una frase, que tu compañía pueda ser el doble de preciada y tu persona tener el doble de valor.

La respuesta es no. No puedes porque sencillamente no lo hay. No hay un solo motivo por el que dentro de un año no puedas ser el doble de lo que hoy eres. La clave está en inconformarte con lo que eres y desear lo que serás.

#88peldaños
Al fracaso se llega cuando te inconformas y te quejas.
Al éxito se llega cuando te inconformas y actúas.
@anxo8BELTS

12. AGITA TU PRESENTE

Si vas a inconformarte con tu presente, es necesario que causes pequeñas revoluciones, que lo sacudas, que hagas aquello que otros no harían, que lo agites.

Si ves que todo el mundo camina hacia el oeste, por esta vez camina tú hacia el este. Si llevas un año enviando currículums de la misma manera, esta vez llama al presidente de la compañía. Si ninguno de tus amigos habla ruso, decide ser tú el primero.

Haz cosas que nunca has hecho y que, de no ser por el cambio de mentalidad al que te invito, tal vez nunca harías: corre una maratón, cambia tu forma de vestir, hazte un corte de pelo que rompa con la línea anterior, viaja a un país al que nunca irías, aprende un baile que nunca hayas bailado, entra en sitios que siempre has descartado, conoce a gente que no entraría en tu radar, aprende algo que jamás te planteaste, practica un *hobby* que te ponga los pelos de punta. Agita tu presente y observa la recolocación de todas las piezas que lo componen. La acción es algo mágico, y sacudir el presente es multiplicar el impacto de tu magia.

En mi vida he estado perdido durante años sin saber qué iba a hacer exactamente con ella.

(Atención a esto.)

No tiene nada de malo estar perdido...

... siempre y cuando estés activo, sacudiendo, haciendo vibrar tu entorno, haciendo que sucedan las cosas, agitando tu presente.

Lo peligroso no es estar perdido. Es quedarse quieto.

Cada acción que emprendas ahora, aunque en este momento no tenga un objetivo final claro en tu mente, será un puente hacia un destino que ahora desconoces. Agitar tu presente cuando estás perdido no te dará información sobre cuál es ese destino, pero sí de que te estás acercando a él, porque agitar es cambiar, es avanzar, es crecer.

Estela y Agatha eran dos periodistas desempleadas ansiosas por encontrar trabajo. Estela no sabía cómo conseguirlo y pasaba los días pensando en ello. Agatha tampoco lo sabía, pero dedicaba sus días a dinamitar la pasividad de su entorno. Salía a la calle, asistía a eventos, hablaba con la gente, se ofrecía para puestos que surgían en las conversaciones y en los que ni siquiera había reparado, informaba a toda su esfera de influencia de que estaba en búsqueda activa de empleo, escribía artículos sabiendo que probablemente no serían publicados, comentaba los artículos de otros profesionales del sector, contactaba con varios empresarios influyentes, la mayoría de los cuales no respondía a sus correos, y hasta echaba una mano sin remuneración a Alberto, un señor mayor amigo suyo dueño de una empresa de juguetes que estaba pasando por un momento difícil económicamente.

(¿Adivinas cuál de las dos tenía más posibilidades de encontrar trabajo?)

Un día, sin esperarlo, Agatha recibió una llamada. Era la secretaria de D. Esteban, el director general de Hispacem, una empresa pro-

ductora y exportadora de cemento. No era ninguna de aquellas con las que Agatha intentó contactar. Ni siquiera alguien con quien había coincidido en alguno de los eventos. Don Esteban tenía un cliente en Italia que le requería desplazar a alguien a Milán para controlar todas las gestiones y liderar la apertura de ese nuevo mercado. Alberto y D. Esteban eran amigos de sus años de estudio y este último había comentado a Alberto sus buenas perspectivas y la urgencia que tenía por encontrar a una persona competente y de confianza que dominase el italiano y que pudiese supervisar toda la operación y conseguir nuevos clientes.

Alberto lo tuvo claro.

Tengo a la persona que buscas. Se llama Agatha y es amiga mía. En teoría es periodista, pero le he descubierto una faceta como vendedora sorprendente. Yo diría que ni ella sabe lo buena que es. Es encantadora, con don de gentes, de absoluta confianza y a mí me vende hasta las estanterías. Además habla italiano. Yo esto no lo sabía, pero casualmente, hace quince días entraron unos turistas italianos en la tienda y ella les atendió en un italiano perfecto.

La mudanza y los papeleos le llevaron cuatro días. Una semana después Agatha estaba instalada en Milán, con un contrato bajo el brazo y muy ilusionada de tener un nuevo reto que afrontar.

Agatha encontró trabajo porque sacudió su presente. Estela no lo encontró hasta que dos años más tarde abandonó su sillón para sacudir el suyo.

Sacudir el presente es poner en marcha una serie de acciones que van engendrando otras que a su vez producen otras nuevas. Es activar una cadena de reacción en la que el número de variables se multiplica de forma incontrolada hasta que se produce el resultado deseado. Lo que muchos no entienden es que ese resultado final es completamente impredecible e inimaginable desde el sillón de su casa. Si se acabó produciendo, es por una serie de multirreacciones que sólo tuvieron lugar porque tú saliste a la calle y las provocaste.

#88peldaños
Haz que sucedan algunas cosas... y sucederán muchas.
@anxo8BELTS

13. MOMENTOS-ATRÉVETE

Entre la cuna y el cementerio solemos encontrarnos unos 8-10 grandes momentos-atrévete. Son aquellos en los que la vida te mira a los ojos, te lanza dos alternativas a la cara y te pregunta ante la disyuntiva: ¿vas a elegir el sí o vas a elegir el no? Y en torno a la respuesta siempre se generan tres grupos: los que dicen que sí, los que dicen que no, y los que ni siquiera han oído la pregunta. Estos últimos se acaban fusionando con el segundo grupo.

En el altar de la vida no se da el «sí, quiero», sino el «sí, me atrevo». Elegir el Sí y atreverse es dar color a un camino en blanco y negro. Es girar el regulador redondo al siguiente punto de intensidad. Es llamar a varias puertas sabiendo que detrás de alguna hay un paraíso con tu nombre. Es...

... declararle la guerra al desaprovechamiento.

Pero elegir el Sí requiere valor, y el valor requiere ganar un pulso a un fastidioso rival: el miedo.

Cuando la vida nos mira a la cara y nos lanza un momento-atrévete, podría parecer que en ese momento suceden dos cosas casi a un tiempo: su pregunta y tu respuesta. Y en algunos casos es así, pero en la gran mayoría no, sobre todo cuanto más importancia tiene ese momento para ti. Lo habitual es que se formule la pregunta pero no se dé la respuesta hasta mucho más tarde, y entre esos dos espacios de tiempo tiene lugar una lucha, que en muchos casos se convierte en batalla y en algunos en guerra. Es la lucha con las inseguridades, con las dudas, con los titubeos; en una palabra, con el miedo. Es en ese momento que te inundan las preguntas del tipo «¿qué dirán?, ¿qué pasa si alguien me ve?, ¿qué pasa si se ríen?, ¿qué pasa si me rechazan?, ¿qué pasa si no lo consigo?, ¿qué pasa si fracaso?».

Hay algo que me gustaría decirte al respecto de todas esas preguntas martirizantes. Es algo que nunca podría enfatizarte lo suficiente y tú a ti mismo tampoco. Es... que ES NORMAL TENERLAS. Todos las hemos tenido en algún momento. Imagínate las dudas que habrán aterrorizado a Gandhi cuando decidió enfrentarse, sin más arma que su determinación, al ejército británico, el mayor ejército de la historia en aquel entonces. Imagínate las inseguridades de Nelson Mandela cuando se atrevió a enfrentarse al gobierno sudafricano para abolir el Apartheid. Ni una sola de las personas que ha tenido que mirar de frente a la vida cuando ésta le lanzó un gran momento-atrévete ha estado exenta del miedo que da el vértigo de esa decisión.

Sí. La decisión da miedo y el miedo da vértigo, pero es precisamente ese vértigo el que hace que la decisión suba de valor. Decidir atreverte te dará una enorme sensación de control, de ser el dueño de las riendas de tu vida, de provocar el futuro que buscas en lugar de esperar a que surja. Te sentirás orgulloso de haberte atrevido y eso te llenará de satisfacción. Te retorcerás en la cama muchas noches sin dormir dando vueltas a si serás capaz de atreverte o no, pero cada noche que tu anhelo te quite el sueño, se transformará en una dosis de moral cuando te hayas atrevido. Y curiosamente tu moral será tanto mayor como mayores hayan sido tus noches de insomnio. Si cuando pasas una noche sin dormir la satisfacción posterior vale uno, cuando pasas veinte, la satisfacción vale veinte. Así que no temas ni al atrevimiento ni al vértigo. Los mayores atrevimientos dan las mayores satisfacciones.

La satisfacción que algo te da es proporcional al número de días que anhelaste conseguirlo.

Contra el miedo solo existe un antídoto. La acción. Podemos hablar del precipicio, reflexionar sobre él o medirlo, pero al final lo que cuenta es saltarlo. O sea, actuar.

El miedo siempre muere ante la acción. Si lo piensas, no se puede tener miedo a lo ya realizado. El miedo se tiene sólo a lo que está por realizar, y realizarlo es eliminarlo.

Es ahí donde tienes que grabarte a fuego esta frase que me gustaría que te acompañase toda tu vida:

#88peldaños
Si sale mal, durará un segundo. Si sale bien, durará toda una vida.
@anxo8BELTS

El éxito no espera al final de la calle del miedo, sino al final de la calle del atrevimiento.

Atrévete. El mundo es de los que lo reclaman.

14. FIJACIÓN DE OBJETIVOS: EL PENTÁGONO MÁGICO

En la sociedad hay un grupo de personas que siempre triunfa y otro que nunca lo hace. Además hay un grupo que siempre fija objetivos y otro que no los fija nunca. Seguro que no sorprende a nadie comprobar que aquellos que triunfan son los mismos que se fijan objetivos y que los que fracasan son los que no lo hacen. ¡Qué tremenda coincidencia!

En la construcción de todo lo que hoy es 8Belts descubrí que existen cinco puntos clave en la fijación de objetivos con un valor esencial para cualquier ser humano. Es lo que yo denomino el Pentágono Mágico.

1. *Concreción*

El error más cometido es la falta de **concreción**. Si se fracasa en los objetivos, no es tanto porque no se fijen, sino porque se hace con una enorme falta de concreción. Son muchos los que han cometido el error de marcarse como objetivo «hacer más deporte». Pero «hacer deporte» no es un objetivo. «Quiero hacer cinco días de deporte a la semana, cada día después del trabajo voy a correr media hora en la cinta y haré cien flexiones y una hora de pesas», sí es un objetivo.

Es necesario ser escrupulosamente específico en la descripción del objetivo, pero no lo es menos serlo en la definición de los hitos y en la fijación de las plazos. Necesitas saber con el mayor grado de detalle qué quieres conseguir, cómo quieres conseguirlo, haciendo qué cosas y antes de qué fecha. La diferencia entre fijar objetivos inconcretos y no fijarlos, es prácticamente inexistente.

2. *Hazlo digerible*

Tu objetivo debe ser **digerible**. Debe ser algo fácil de cumplir. Que no te empache. Mejor empezar bajo, cumplir y subir, que empezar alto, no cumplir y bajar. Lo primero fomenta la motivación y lo segundo la destruye. Ya sé que ahora mismo el nivel cinco te parece demasiado sencillo y prefieres empezar por el diez, pero no me interesa tu velocidad de arranque, sino tu velocidad de crucero. Demuéstrate primero que mantienes la regularidad en el cinco y, solo entonces, avanza al siguiente nivel.

3. *La tolerancia-cero*

Cuando tengas decidido el objetivo divídelo en dos: el óptimo y el de **tolerancia-cero**. El óptimo es el idóneo, pero al mismo tiempo es retador, difícil. El de tolerancia cero es subóptimo, pero es sencillo, fácilmente alcanzable. Mientras estés entre uno y otro, tu avance no peligrará. Pasarte de máximos te generará altibajos y no alcanzar los mínimos hará que entres en el terreno más pantanoso de todos, que es la desidia. De ahí al fracaso hay un paso.

He aquí el funcionamiento del objetivo tolerancia-cero.

Imagínate el día en que te encuentres más desmotivado, cansado y desmoralizado; el día que más peligre el cumplimiento del objetivo. Ahora determina el objetivo mínimo que incluso en un día así estarías dispuesto a cumplir. Ése es tu objetivo de tolerancia-cero: aquel que sea tan fácil de cumplir que, pase lo que pase, no exista ninguna excusa que justifique su incumplimiento. Una vez fijado, cúmplelo siempre. No te permitas ninguna excepción. Si tu objetivo era entrenar 30 minutos al día, un ejemplo de tolerancia-cero sería entrenar solo cinco y hacer 10 flexiones o 20 abdominales, esto es, algo tan sencillo que lo puedas cumplir incluso el día en que estés más desganado. El objetivo de tolerancia-cero apenas te hace avanzar en tu objetivo global. Su función no es que avances, sino que no rompas el contacto con tu meta.

4. *La locomotora*

Cada día que cumplas tu objetivo tómalo como que has construido un vagón de la **locomotora**. Si fallas uno, la locomotora se desengancha y hay que empezar una nueva de cero. Muy importante respetar esta regla: solo sirven las locomotoras enteras, esto es, número de días consecutivos que has cumplido. Sin interrupciones. Recuerda que las justificaciones no valen porque fuiste tú quien se marcó ese mínimo antiexcusas para los días en los que te resultase más complicado. Anota en una hoja de papel cada día que no fracasas. Puedes fracasar en el óptimo pero no en el de tolerancia-cero. Te recomiendo que lo hagas de una forma muy visual, dibujando cuadrados que identifiquen los días, incluso sobre un calendario, de tal forma que cada día cumplido, puedas señalarlo con color y así ver gráficamente tu constancia en forma de bloques. El objetivo de esta técnica es que no rompas la constancia ni un solo día y luchar para conseguir que la locomotora sea lo más larga posible. El saber que romper la cadena te hace empezar de cero, te motivará para no fallar nunca.

5. *Los despertadores*

Este último punto es el que, una vez puesto en marcha, tiene un efecto más inmediato. **Los despertadores** son disparadores que pones en tu vida para activar el cumplimiento del objetivo. Son hechos fijos que tú eliges y que preceden al instante en el que empezarás con tu objetivo. Sin dilación. Un despertador sería la cena, la ducha, la salida del trabajo, la entrada al colegio de tus hijos, tu llegada a casa, despertarse por la mañana, cuando terminan las noticias... Tienen que ser hechos que suceden con regularidad y predecibles. Siguiendo el ejemplo del deporte, si tu objetivo es ponerte en forma, puedes fijar como momento despertador tu llegada a casa o el momento en que tus hijos se acuestan para ponerte los tenis y empezar a correr. La clave está en las palabras «sin dilación». Es muy importante que sea de inmediato y que no exista una actividad entre el despertador y la puesta en marcha. Lo que los despertadores aportan es concreción y claridad, eliminan la desidia y la pereza porque la hacen innegociable y te dan un punto muy claro de cuándo ponerte en acción.

Si un grupo de personas alcanza el éxito por fijarse objetivos y otro no lo alcanza por no hacerlo, no esperes conseguir lo mismo que los primeros siendo parte de los segundos.

#88peldaños
Fijar objetivos equivale a reducir la distancia que te separa de ellos.
@anxo8BELTS

15. VENCE LA PEREZA. DATE EL GUSTO DEL TRIUNFO

Dos hermanos gemelos tenían por nombres Yosí y Yonó. Ambos nacieron en la misma familia, compartieron el mismo momento y espacio en la Historia, tuvieron las mismas oportunidades y durante mucho tiempo hicieron todo juntos: se criaron juntos, fueron juntos a los campamentos de verano, asistieron a la misma escuela primaria y estudiaron juntos hasta el bachillerato. Pero hubo un momento, justo después de la preparatoria, en el que sus vidas tomaron rumbos distintos y dejaron de hacer las cosas juntos. Sucedieron una serie de hechos que desviaron sus trayectorias. Todos a favor de Yosí, y todos aparentemente milagrosos: recibió una beca de una prestigiosa universidad, montó su propia empresa basada en una exitosa idea y acabó convirtiéndose en uno de los hombres más ricos del mundo y ayudando a millones de personas. Mientras tanto, Yonó llevaba una vida mediocre en la que apenas subsistía.

¿A qué se debía todo ese éxito?

Yosí había descubierto la fórmula contra la calvicie.

El día que lo supo, Yonó exhortó una exclamación de injusticia. «Dios mío. Hay que ver la suerte que tiene mi hermano. Solo por una idea. Ojalá se me hubiera ocurrido a mí. A él todo le sale bien. Qué injusta es la vida. Es inexplicable cómo puede tener tanta suerte. Es como si fuera un milagro.»

¿Milagro?, ¿Suerte?, ¿Injusto?... ¿Seguro?
Rebobinemos.
En el verano de su décimo cumpleaños fueron a pasar unos días de campamento al lago. El monitor les propuso varias actividades. Yosí eligió aprender inglés y le dijo a Yonó: «¿Te apuntas?». Yonó respondió: «La verdad es que estaría genial, pero me da un poco de pereza». Optó por no hacerlo y los veranos siguientes prefirió la playa al campamento. Yosí repitió tres veranos seguidos, más un cuarto en Inglaterra.

Cuando eran adolescentes, en su último año de bachillerato, el jefe de estudios les informó que se acababan de convocar unas becas para formar parte de unos miniproyectos de investigación en la universidad estadounidense de Harvard. A Yosí le apasionaba la biología y acababa de recibir el primer premio en un concurso académico para adolescentes por un trabajo de investigación científica. Ambos quisieron presentarse a las becas, pero a Yonó le faltaban varios requisitos, entre ellos un expediente brillante y un dominio del inglés.

Yosí fue seleccionado y durante su estancia consiguió trabajar con un científico de renombre que le inculcó pasión por la biología.

Yonó continuaba con sus veranos en la playa disfrutando de numerosas y divertidas fiestas entre amigos. De vez en cuando colgaba sus mejores fotos en sus redes sociales y Yosí las contemplaba receloso y con nostalgia, tentado a dejarlo todo y volver con su gente, a lo seguro, a lo divertido, a lo fácil. Pero al final siempre conseguía recolocar su mirada en su objetivo, llenarse de determinación y coraje, dar alas a su pasión, remotivarse y continuar su cometido, dedicado en cuerpo y alma a estudiar con obsesión sobre un único tema: la regeneración capilar.

Acabó la carrera, inició su doctorado y durante su segundo año Yosí ya estaba impartiendo clases en Harvard. Ilusionado por que su hermano progresase y mejorase su currículum, lo llamó por teléfono y le brindó la posibilidad de que pudiese ser alumno en una de sus clases. A la propuesta, Yonó replicó: «Muchas gracias, hermano. La verdad es que me encantaría estudiar en Harvard pero me da un poco de pereza dejar todo e irme a vivir ahí».

Un par de años después, Yosí terminó su tesis doctoral en la que asentó las bases de la fórmula que unos años más tarde hizo crecer

61

el pelo de millones de personas que lo habían perdido y que le dio su éxito como investigador y emprendedor.

El éxito de uno y el fracaso del otro hizo más patentes sus diferencias de actitud, pero curiosamente las diferencias entre Yosí y Yonó ya se remontaban a su infancia cuando ante cada opción que requería un mínimo esfuerzo o sacrificio Yosí vencía esa pereza y Yonó se dejaba consumir por ella.

Esta historia demuestra dos cosas: que los grandes cambios se consiguen con un cúmulo de pequeñas decisiones y que cada una de esas decisiones solo se logra superando la pereza.

#88peldaños
Superar la pereza siempre es una decisión,
y esa decisión *siempre* está a tu alcance.
@anxo8BELTS

La próxima vez que la pereza te mire a los ojos y tengas que tomar la decisión de superarla, no pienses «Yo-no». Piensa «Yo-sí».

16. EXCUSAS: LA ANTÍPODA DEL ÉXITO

Cuando 8Belts todavía estaba en pañales, yo, internamente, seguía con entusiasmo los progresos de cada uno de los poquísimos alumnos. Ahora que tenemos miles y estamos presentes en decenas de países, ya no me puedo permitir ese lujo. Sin embargo, ahora tengo un privilegio mayor, que es encontrarme con ellos en persona en casi cada ocasión que hablo en público. Aunque esto es algo que procuro limitar a una o dos veces por semana, al cabo de las semanas el número de personas con las que entro en contacto se multiplica, y eso me ha permitido extraer un patrón. Al igual que sucede en casi todas las áreas del éxito, todos ellos pueden ser clasificados en dos grupos. Los que me dicen «quiero arrancar con 8Belts pero ahora es mal momento» y los que me dicen «es mal momento pero quiero arrancar ahora con 8Belts». Los segundos suelen acabar añadiendo un idioma más a su currículum. Los primeros se quedan a las puertas.

El que acaba triunfando es el que, incluso con todo en contra, no halla excusas. El que acaba fracasando es aquel que las encuentra incluso con todo a favor.

Leonardo di Caprio ha conseguido ser una súper estrella de Hollywood, protagonista de *Titanic*, la película más taquillera de la historia del cine (en el año de su estreno). A los ojos de cualquier actor alcanzó la cumbre del éxito. ¿Era predecible ese éxito?

En absoluto. Más bien tenía todas las cartas del fracaso. De hecho hubiera sido muy sencillo para él justificar su fracaso. Podría haber utilizado cualquiera de las siguientes excusas. Todas hubieran sido ciertas.

«Yo, Leonardo di Caprio, podría haber triunfado pero me fue imposible porque mis padres se divorciaron cuando todavía era un bebé, mi madre era demasiado pobre, me crié en uno de los barrios más peligrosos de Los Ángeles, y con tres o cuatro años mi paisaje eran prostitutas con faldas diminutas y gente fumando crack e inyectándose heroína.»

¿A cuántas de esas excusas se aferró? A ninguna.

#88peldaños
Aquellos que no encuentran excusas para fracasar
son los mismos que encuentran motivos para triunfar.
@anxo8BELTS

17. EL ÉXITO NO SE ENCUENTRA EN EL ÉXITO, SINO EN SU ANTESALA

Cuando el público acude al cine, ve una película. Cuando un director de cine va al cine, no ve una película, sino el trabajo previo de la fase de producción. Cuando los fans acuden al estadio, ven la victoria de su equipo. Cuando un entrenador va al estadio, ve las horas de entrenamiento que produjeron esa victoria. Todo triunfo está precedido por algo importantísimo, que es el verdadero artífice del éxito. Es su antesala. La antesala del éxito representa el camino que conduce al éxito y sin el cual éste no existiría. La antesala es el proceso y el éxito el resultado, e igual que existe el binomio éxito-antesala, existe el binomio observador-protagonista. El observador es el que observa el éxito de otros, y el protagonista es el que lo protagoniza y lo vive; el que consigue ese éxito. El resultado no se produce prestando atención al resultado. El resultado se produce prestando atención al proceso. Es casi paradójico que el que más atención presta al éxito es el que menos lo consigue y viceversa, pero si lo piensas, tiene sentido. Si quieres ser el primero de la cola del banco no puedes centrarte en el principio de la cola, sino en el final, y llegado el momento, serás el primero. Si un país quiere ganar un mundial, no puede pensar «vamos a juntar a los once mejores y ganarlo», sino «vamos a montar escuelas de fútbol base». Si tú quieres ganar un Oscar no puedes centrarte en la ceremonia de entrega, sino en tu primera clase de interpretación.

Si tienes un proyecto emprendedor, puedes concentrarte en los millones que vas a ganar o en el camino que te permitirá llegar hasta allí. Si haces lo primero, te estarás centrando en el premio y posiblemente no lo consigas. Si te centras en lo segundo, te estarás centrando en su antesala y construyendo lo que será el camino del éxito.

Centrarse en la idea del éxito es centrarse en una idea etérea. Es como una nebulosa sin principio ni fin, sin fechas ni hitos. Está ahí pero alejada de la realidad, y acercar ese éxito a la realidad o la realidad a él es difícil. De ahí que se fracase. En cambio, centrarse en la antesala del éxito es centrarse en algo concreto, que en lugar de nebulosa infinita nos ofrece un camino finito, con un número de pasos concreto, que a veces serán tortuosos y tal vez dificultosos, pero por encima de todo, son certeros porque cada uno de ellos te acerca a ciencia cierta al objetivo que es el éxito.

Si quieres ir de aquí a París, no me hables de París. No me hables del Sena, de los cruceros que lo navegan, de su gente, del idioma, de la Torre Eiffel. Háblame de qué medio de transporte vas a utilizar, qué día vas a salir, de qué distancia se compone el trayecto, de cuántos kilómetros vas a avanzar cada hora y de qué alternativas tienes en mente en caso de nieve o tormenta. Eso es hablar de la antesala del éxito, y hacerlo es maximizar las probabilidades de conseguirlo.

#88peldaños
Todo éxito tiene su antesala, y sólo ella te conduce a él.
@anxo8BELTS

18. EN UN CAMINO DE CIEN KILÓ-METROS, EL MÁS IMPORTANTE SIEMPRE ES EL PRIMERO

Es más, el primero no solo es el más importante, sino que es más importante incluso que los otros noventa y nueve juntos. ¿Por qué? Porque arrancar es difícil. Proseguir es fácil. Y solo el primer kilómetro es el primer kilómetro del arranque. El resto ya solo son de continuación.

Si lo que acabo de afirmar es cierto, entonces tal vez deberíamos replantearnos nuestra forma de afrontar el éxito, tanto en tareas transcendentales como en los retos más nimios. Permíteme elevar el protagonismo de la frase anterior y reflexionar sobre ella. ¿El primer kilómetro es más importante que todos los otros noventa y nueve juntos? Entonces la conclusión es clara. En lo que respecta a la acción, cuando estemos a punto de ponernos en marcha...

La clave para arrancar está en ignorar el resto del camino y centrarnos tan solo en el paso uno.

Fíjate que no he indicado que la clave esté en centrarnos en el paso uno. Lo que he escrito es: centrarnos en el paso uno *y además* ignorar el resto del camino.

Esta última afirmación consta de dos partes, y de las dos, la más importante es la segunda. Incluso cuando sí tenemos la motivación necesaria para ponernos en marcha, esa motivación debe ser protegida de un terrible enemigo. Ese enemigo se llama vértigo. El vértigo procede de contemplar el camino entero en lugar de tan solo lo que nos concierne ahora, que es el primer paso. El vértigo nos entra cuando pensamos no en un solo kilómetro, sino en lo que consideramos, erróneamente, un número altísimo de kilómetros interminable e insuperable. Eso es lo que amenaza la motivación inicial, llegando a poder eliminarla. La solución a este problema está en esforzarnos por tener una visión de túnel, láser, que te permita ver solo el primer kilómetro e ignorar deliberadamente todos los demás.

Da igual si el camino es de cien kilómetros o de mil. Ignora todos los kilómetros y céntrate exclusivamente en uno. El mágico. Es primero.

No pienses: «jardín». Piensa: «flor».

#88peldaños
En un camino de cien kilómetros el más importante siempre es el primero.
@anxo8BELTS

19. TU ÉXITO NO DEPENDE DE CUÁNTO TE AYUDEN OTROS. DEPENDE DE TI

#88peldaños
El fin a tus problemas coincide con el primer día
en que TÚ decidas ponérselo.
@anxo8BELTS

He conocido a gente con inteligencia que ha fracasado y a gente con dinero que ha fracasado, pero no a gente con determinación que haya fracasado. La determinación es el imán del éxito. Si me preguntaran qué tienen en común las personas de mayor éxito del planeta y qué atributo es el principal responsable de ese éxito, mi respuesta no sería otra: la determinación.

En la vida, toda nueva circunstancia siempre encierra algún tesoro por pequeño que sea, el cual sólo pertenece a aquellos con la determinación de hallarlo.

Cásate con tu idea. Márcate un objetivo y hazte la promesa de no retirar los ojos de él. No saltes con un pie, sino con dos. Conciénciate de que el camino será duro pero arranca a pesar de ello. El mejor momento para mentalizarte de tu flaqueza en los valles es durante la euforia de tus picos. Usa la ilusión del arranque sin ser iluso. Adelántate a los baches. Sé consciente de que tu primera tentación de abandonar llegará en tan sólo unas semanas o meses. Reconoce que no será la única. Anticipa lo intensa que será esa tentación de hacerlo, pero prométete que tu determinación a continuar pesará siempre un gramo más que ella; lo suficiente para inclinar la balanza hacia tu lado y vencer.

No rechaces la ayuda de otros, pero tampoco la busques. Dedica menos tiempo a pensar qué pueden hacer otros por ti y más a qué puedes hacer tú por ti mismo. Entrar a debate sobre si otros podrían o incluso deberían hacer algo por ti es estéril. No te acerca ni medio paso a tu objetivo, sino al revés, ya que aumentará tu frustración y te centrará en problemas en lugar de en soluciones. Cuando esperas ayudas de otros, dejas el balón en el campo de ellos y no en el tuyo. Es bueno que no te ayuden. Demostrarás que hacerlo por ti solo sí era posible. La pregunta es ¿quién es dueño del control de la solución? Y la respuesta siempre es «yo».

Cuando llegué a Estados Unidos me quedé sorprendido por el hecho de que muchas familias (no todas) inculcasen a sus hijos la importancia no sólo de ir a la universidad, sino también de empezar a ganarse ellos mismos el dinero para pagársela. La idea me sedujo y me motivó para hacer lo mismo. Cuando siendo todavía un adolescente comuniqué a mis padres mi intención de sufragar yo solo los altísimos costes de toda la formación que iba a recibir (mi plan era obtener un título y acabaron siendo cinco), su oposición inicial a la idea fue frontal. Me intento imaginar su sensación y supongo que sintieron que su responsabilidad como padres era encargarse ellos de los gastos derivados de mi formación. El estira y afloja entre ellos y yo se prolongó durante bastante tiempo, pero ante mi insistencia y testarudez vieron que era inútil seguir intentando hacerme cambiar de opinión. Cuando acabé pagándome todos los estudios, vi que la diferencia entre que me lo hubieran pagado ellos y haberlo hecho yo fue colosal. Aunque en aquel entonces no tenía la menor idea de su gran valor, el haber tenido que trabajar durante casi todos los fines de semana y cada uno de los veranos de universidad me hizo valorar de manera especial cada una de las clases en las que me inscribí, y sobre todo aquellas con un coste extra, como las de canto u oratoria. Si me hubieran intentado infundir ese aprovechamiento desde fuera, nunca hubiera tenido el mismo efecto que palpar tan de cerca el esfuerzo que requería costearlos.

Cada gota de sudor tuya vale por diez que otros derramen por ti. Cada peso que tú consigas valdrá por diez que otros te den.

No puedes ayudar a nadie que no quiera ayudarse a sí mismo. Nadie estará dispuesto a ayudarte si no eres tú el primero que se ayuda. Yo me alegro de que sea así, ya que de otro modo sería fomentar lo injusto.

No voy a poner nombres a los miles de casos de fracaso por *indeterminación*. Todos conocemos muchos: hijos de padres millonarios que estudiaron en los mejores colegios, que querían ser presidentes, actores, cantantes o modelos, a quienes se les abrían puertas por intervención de los contactos que sus padres movilizaban. Tenían supuestamente todo a favor salvo un ingrediente. No pensaban que el éxito dependiera de sí mismos, sino de cuánto les ayudasen otros.

**Si tu barco lo mueve el viento,
el día que se acaba el viento te quedas sin barco.**

En ese momento en que descubres que tienes el poder de ser tu propio viento y que la puerta a tu éxito no está en otros, sino en ti, es cuando tu potencial se desata y pega su mayor salto para cruzar el umbral del no-retorno.

Al igual que TU llave de casa, la de TU éxito también está en TU propio bolsillo.

20. ¿ES GOOGLE LA PANACEA?

Google

¡Sí! ¿Alguna vez has tenido un bulto que te preocupaba, o te has preguntado por qué los caballos duermen de pie, o has perdido un documento en tu ordenador que no sabías recuperar, o no has sabido deshacer el texto escrito en tu teléfono móvil, o desconocías cómo funcionaba la cafetera que te ha dejado tu casero, o te has frustrado por no saber cómo conseguir dejar de fumar, o cuánto tiempo tarda en hacerse el arroz? Si ha sido así, ¿cuántas de esas preguntas no buscaste en motores de búsqueda por internet? Si la respuesta es más de cero, son demasiadas.

Hace tan sólo un par de décadas, respuestas de ese estilo, incluso sobre las tareas más cotidianas, podían estar a siete, ocho o incluso cien horas de distancia. Ahora están todas a menos de cinco minutos. Sin embargo, cuando tenemos una duda ¿buceamos por internet como un pez hasta encontrar nuestra propia respuesta o esperamos a nuestra abuela para preguntarle sobre gastronomía, a nuestra madre sobre salud, a nuestro padre sobre mecánica, a nuestra hermana sobre moda y a nuestro hijo sobre informática? Demasiadas personas hacen lo segundo en lugar de lo primero, pero esto tiene un enorme problema: no dependes de ti mismo, sino de otra persona.

Esa dependencia hace muy poco tiempo no era una elección, sino la única alternativa. Lo que Google u otros buscadores aportan al mundo es ponerle fin a esa supeditación. Han democratizado el conocimiento. Ya no es necesario seguir dependiendo del conocimiento de otros para sortear nuestras barreras, y sin embargo... lo seguimos haciendo.

Presta una atención especial a este Peldaño, ya que a simple vista es posible que te parezca trivial y hasta obvio, pero no lo es. Representa uno de los principales ingredientes del éxito porque implica adquirir la mayor de las capacidades: **la capacidad de ser** AUTÓNOMO, de no depender de nadie. Es la herramienta más potente y sin embargo la más desaprovechada. Tiene un enorme poder de multiplicar tu valía como persona. La clave está en tomarte muy en serio realizar un cambio de mentalidad en tu interior: resiste la tentación de tener como primer recurso preguntar a los que más saben y búscate tú tus propias respuestas. La diferencia entre poder sacarte tú mismo las castañas del fuego y no poder hacerlo es la diferencia entre ser dueño de tu destino y no serlo. Haz de la AUTONOMÍA poco menos que tu religión, y hazlo haciendo uso de los buscadores y los foros online. Consúltalo todo. El saber que estás a cinco minutos de casi cualquier respuesta te dará poder. No he escrito «estar a cinco minutos de casi cualquier respuesta». Eso ya lo estás. La clave no es que lo estés, sino que *sepas* que lo estás y que interiorices ese hecho. En el siglo xx el reto era cómo encontrar la información. En el s. xxi los buscadores proporcionan todas las respuestas, pero... *solo a aquellos dispuestos a invertir los cinco minutos que lleva encontrarlas.*

Todos pecamos de dependientes. Toma la decisión de dar el salto de dependiente a autónomo. Pregunta menos a otros y respóndete tú más a ti mismo.

La mente del fracasado lo lleva a formular a otros las preguntas y ser dependiente. La mente del triunfador busca ser independiente y tener AUTONOMÍA. La diferencia se obtiene con un sutil cambio de mentalidad, pero un cambio que transforma el fracaso en éxito. No puedo enfatizar lo suficiente la importancia que supone ese cambio de mentalidad y la interiorización de este Peldaño. Una vez interiorizado, proporciona un inmenso poder.

#88peldaños
Si la solución depende de otros, la obtendrás cuando ellos lo digan.
Si depende de ti, la obtendrás cuando lo decidas tú.
@anxo8BELTS

21. LA MAGIA DE LA ACCIÓN

Hazle un pedestal. Dedícale un monumento. Anótalo en el espejo y grábalo en tu mente.

Lo activo tiene magia

Cásate con la proactividad. De entre todas las cosas que tenemos a nuestro alrededor, ni siquiera una surgió nunca de la pasividad de alguien. ¿Ves valor en poder disfrutar de tu libro preferido, poder tener toda la información del mundo en un teléfono inteligente de tan solo unos gramos, o que un avión comercial te sitúe en Pekín en menos de trece horas? Absolutamente todas las cosas que disfrutamos a diario han salido de la acción de una persona que tuvo una idea y decidió convertirla en algo. Sólo disfrutamos de comodidades porque alguien un día decidió actuar. Desde que esa persona tuvo la idea hasta que tú disfrutaste de ella el proceso pasó por dos fases, la fase-nada y la fase-algo, o lo que es lo mismo, la fase-cero y la fase-uno. La idea y su planificación son importantes, pero ambas son parte de la fase-nada. Mientras ideas, piensas y planificas todavía no tienes nada. Son el paso previo a *algo*, pero todavía no son *nada*. El tesoro no está en la idea. El 99,99999... por ciento de las ideas nunca pasan de eso. Serán sólo ideas. El tesoro está en la minúscula fracción de todas ellas que acaba convirtiéndose en algo. El mundo no lo mueven las personas con ideas, ya que todos las tienen. El mundo lo mueven los pocos dispuestos a hacer algo con ellas. La magia está en la acción.

#88peldaños
Vale más una acción que mil ideas.
@anxo8BELTS

No acumules información para almacenarla. Haz algo con ella. Si has ido a clase de conducción, conduce. Si has leído un libro de buceo, bucea. Si te has matriculado a un curso para hablar un idioma, háblalo. La acción da vida al aprendizaje y es la que conduce a la comprensión y a la asimilación de la información.

Las acciones tienen la fuerza. Por un lado, como ya hemos visto, tienen poder para eliminar el miedo. Por otro tienen el poder de confirmar o desmentir las palabras. Cuando las palabras de alguien estén siendo cuestionadas, son las acciones las que decantan la balanza.

Si las palabras y las obras se contradicen, quédate con las segundas.

El motivo por el que la acción tiene magia es debido a que combate lo etéreo. Es hermana de la concreción. La acción es el empujón que pone en marcha la bola de nieve y la chispa que produce el mayor de los fuegos. Si existe un cuentakilómetros del camino hacia el éxito, durante la fase-cero no se mueve. Sólo se activa con el primer paso. Te da algo concreto con lo que trabajar, algo concreto que mejorar. Si quieres poner un proyecto en marcha, inícialo ya. Si quieres montar un negocio, empieza ya. Si quieres fundar una ONG, no pierdas más tiempo. Da al menos un paso hoy mismo. Siempre hay al menos un paso que puedas dar ahora mismo. Hazlo.

Nunca digas «de verdad que empiezo mañana». Di: «de verdad que empiezo AHORA».

Puedes pasarte años dando vueltas y vueltas a la idea, pero la magia solo se desencadena con el primer paso, cuando ya puedas decir que has *hecho* algo. Da igual lo que sea, pero *haz*. No te permitas analizar la calidad de lo que hagas. No es el momento. Hacerlo aumentará tus miedos. El orden no es piensa-optimiza-actúa, sino piensa-actúa-optimiza. El primer paso es el peor momento para analizar la calidad. ¿Adivinas cuál es el mayor enemigo de la acción? La perfección. Es ella la que nos hace alargar la fase-nada, creyendo que al alargarla el proyecto mejora. Esto es erróneo porque no se puede mejorar algo que no existe. La fase-cero no produce. Así que atraviesa lo más rápido posible la fase-nada y ponte cuanto antes con la fase-algo.

La acción tiene la capacidad de transformar tu manera de pensar, de ver, de palpar, de entender, de asimilar y de interactuar. La acción te tranquiliza porque elimina tus miedos, te desbloquea porque te inicia en un camino, te acerca a tu objetivo porque te pone en movimiento, y te da optimismo porque convierte los sueños de la fase-cero en resultados reales durante la fase-uno, y el aumento de resultados aumenta la motivación. Es un círculo virtuoso.

Lo que diferencia a los que cambian el mundo de los que no, no son las ganas. Tampoco las ideas. Son... Las acciones.

---

22. LOS FRACASOS SON EL CUENTAKILÓMETROS DEL ÉXITO

Nunca tengas miedo a la acción por miedo al fracaso. Muchos contemplan los fracasos como el enemigo del éxito. Consideran que, bien se tiene una vida de fracasos, o bien se tiene una vida de éxitos, y que si tienes lo uno, no tienes lo otro. A los que tienen esa perspectiva, les lanzo esta pregunta:

La vida, ¿se compone de noches o de días?

Respuesta: ni de lo uno ni de lo otro, sino de ambos.

Lo mismo sucede con los fracasos y los triunfos. Son complementarios y alternantes. Son ambos lados de una misma moneda. Por mucho que limes no podrás librarte de una de sus caras. Siempre tendrá dos. Por muy largo que sea el día de verano, siempre vendrá después de la noche. Por muchos fracasos que tengas, siempre irán acompañados de algún triunfo. No se alcanza el éxito evitando los fracasos, sino a pesar de ellos. Acompañan al éxito tanto como la cara a la cruz y la noche al día. No son... uno u otro, sino los dos.

No me interesa cuántos fracasos has tenido, sino qué has aprendido de cada uno de ellos.

Pretendamos por un momento que yo soy un *business angel* o inversor al que dos emprendedores le presentan sus proyectos. Les pregunto por los fracasos que han tenido tanto en su actual proyecto como en proyectos anteriores. El primero me responde que ninguno. El segundo me indica que ha tenido varios pero que se ha repuesto de todos y crecido con cada uno. Adivina con cuál me quedo.

Con el segundo.

¿Por qué?

Porque sé que es el segundo el que más barreras ha superado para llegar hasta su actual producto, y las barreras son entrenadores. Sin lugar a dudas, el segundo es más fuerte y está más preparado para el éxito.

Si les preguntara por el número de riesgos que cada uno ha corrido hasta llegar a su punto actual, sus respuestas, con total seguridad, demostrarían la correlación existente entre el riesgo y los fracasos. El primero fracasa menos porque es el que menos arriesga, y el segundo fracasa más porque es el que más riesgos corre.

Efectivamente existe una correlación casi irrompible entre riesgo y fracaso, pero también entre riesgo y triunfo. Los que más se arriesgan suelen ser los que más fracasan, pero también los que más acaban triunfando. Los que menos se arriesgan, fracasan poco, pero son los que menos triunfan.

Lo bueno de los fracasos es que cuando alcanzas el éxito da igual cuántos hayas tenido.

No hay nadie que cuestione la importancia de los entrenamientos para ser un buen equipo deportivo. Y nadie cuestiona tampoco que el entreno se componga de ejercicios de resistencia. Ningún músculo crece sin oponerse a una resistencia. ¿Por qué, entonces, si todos entendemos la importancia de los ejercicios de resistencia para ganar un partido no entendemos la importancia del fracaso para acercarnos al éxito? Igual que el entrenamiento no es tu enemigo, sino tu amigo de cara a la victoria, el fracaso tampoco es tu enemigo, sino tu amigo de cara al éxito.

De tu objetivo siempre te separa un número de errores, y con cada error que cometes te acercas un paso más a ese objetivo. Así que comételos. Es más indicativo de progreso cometer algún error que no cometer ninguno. Cometerlos es crecer. Si de la derrota has aprendido, entonces no lo es.

Del éxito se pueden extraer lecciones sólo a veces. Del fracaso se extraen siempre.

#88peldaños
Los fracasos son el cuentakilómetros del éxito.
@anxo8BELTS

23. NO COMBATAS LA TORMENTA. SOLO ATRAVIÉSALA

En los períodos de adversidad debes hacerte agricultor, o al menos, adoptar su mente. Para el agricultor solo hay dos estaciones, la de tormenta y la de buen tiempo, y su función es sacar el máximo provecho de cada una de ellas. Cuando el clima es soleado es tiempo de cosecha, de hacer todo lo posible por elevar su productividad y maximizar la bonanza. Cuando el clima es adverso y tormentoso y producir no es viable, es tiempo de proteger el grano y conservar la energía para cuando el clima mejore. Lo que me interesa de su manera de afrontar la tormenta es que no le frustra. Lo ve cada año y sabe que igual que un día las lluvias llegan, otro día se van. Lo ha vivido suficientes veces como para no darle más importancia de la que tiene. Su felicidad es constante porque no se permite ligarla a los altibajos climáticos.

Saber cuándo te encuentras en un período o en el otro es esencial para adecuar tu comportamiento a cada uno. Existe un comportamiento correcto para cada uno de ellos, y mezclarlo sería un error. Éstos son los dos comportamientos:

COMBATE <> ATRAVIESA

«COMBATE» sólo corresponde al período de sol, y «ATRAVIESA» sólo corresponde al de tormenta. Usa toda tu energía durante los períodos soleados para forzarte a llegar más lejos y saltar más alto. Empuja tus límites y arriesga la piel por crecer. Son los períodos en los que te encuentras fuerte, motivado, decidido a triunfar y te sientes imparable. Ahí es donde tienes que combatir, porque si te sale bien, crecerás, y si te sale mal, no te tumbará. Pero en los períodos de tormenta, usar esa fórmula es un error. La estrategia es otra. Consiste simplemente en ATRAVESAR la adversidad, no luchar contra ella.

Si te equivocas de estrategia y simplemente atraviesas el período favorable, habrás desaprovechado su potencial. Y si te equivocas a la inversa y luchas durante la tormenta, tu frustración podría hundirte. Lucha sólo cuando estés en un momento del que puedas salir, pero si el momento es adverso y tú no puedes hacer nada para cambiarlo, atraviésalo, sin más. La clave está en la resignación, en entender que tarde o temprano dejará de llover, y no haber gastado tus energías en frustración durante la lluvia te permitirá ponerte antes en marcha una vez escampe. Pelear contra algo que no puedes cambiar te hará débil, mientras que aceptarlo, te fortalecerá.

**La tristeza también tiene razón de ser.
No siempre pelees contra ella. A veces acéptala.**

La noche da sentido al día, la lluvia al sol y la tristeza a la felicidad. Hay muchos momentos en la vida en los que sólo estás teniendo un mal día, una mala semana, un mal mes o incluso un mal año, y volverse loco buscando las causas y las soluciones te volverá todavía más loco. Acepta que es un período de tormenta, inadecuado para el crecimiento, y que lo mejor que puedes hacer es armarte de resignación y ATRAVESARLO. Sólo es un período de tormenta si la solución no depende de ti, y cuando así sea, vístete de paciencia y atraviésalo con la confianza que da saber que estás a unos días del sol. Lo importante no es tanto saber cuándo llegará, sino que lo hará.

Los períodos de tormenta afectan al blanco más fácil: tus sentimientos. Las adversidades sólo causan dolor cuando los sentimientos son escuchados, de ahí la importancia de atravesarlas sin más, porque eso neutraliza el poder de la tormenta sobre ti. Cuando te encuentres en un período difícil y estés con la moral baja, reconoce tus sentimientos, ya que son reales, pero nunca saques conclusiones mientras los tengas. Reconocer tus sentimientos no implica que tengas que escucharlos. No los escuches. Toma el bajón como si fuera un trance que altera tu mente y date cuenta de que la decisión que tu mente toma durante la tormenta es diametralmente opuesta a la que adopta cuando hace buen tiempo, y de las dos, la correcta es la segunda, así que atraviesa los períodos difíciles, reconoce tus sentimientos, ignóralos y sobre todo, no saques ninguna conclusión hasta que la tormenta remita.

#88peldaños
A todos les llueve, pero no todos se mojan.
@anxo8BELTS

24. LA TIRANÍA DEL CORTO PLAZO

Digamos que el conjunto de días o semanas que componen tu vida forma un sendero. Avanzas tranquilamente por tu sendero y, de repente, tienes un mal día o una mala semana. Te has caído en un pozo. Miras a tu izquierda, a tu derecha, delante, detrás y todo lo que ves es negro. Son 360º de oscuridad. Sales del pozo y continúas caminando por tu ruta. Pasados unos años, o incluso al final de tu camino, observas la imagen que tus pasos han creado, y es curioso ver que si pintases un cuadro de toda tu ruta, el lienzo al completo sería blanco, salvo un punto que apenas se aprecia. Ese pequeño punto es el que el pozo representa. Era un punto completamente negro, pero apenas ensució tu cuadro.

Éste es el poder de ver las cosas en perspectiva. Cuando estás dentro del pozo no dices «veo en negro una parte minúscula de mi vida», sino «veo en negro toda mi vida». *Sólo* ves negro. *Todo* es negro. Mientras que cuando te alejas de lo que tienes a un palmo de distancia, te das cuenta del papel tan insignificante que ese pozo juega en toda la película que tu vida ha rodado.

Después de veinte años consecutivos de beneficios, la empresa de azulejos Merretiro experimentó una fuerte caída en ventas debido a la coyuntura económica. Al observar varios meses seguidos de pérdidas, sus directivos se dan cuenta de que están en un pozo. Lo ven todo muy negro y deciden cerrar la empresa.

Pero... ¿y si ese pozo fuese tan sólo un punto de un lienzo blanco?

La empresa Memantengo, que también vendía azulejos, sufrió la misma crisis que le acarreó las mismas pérdidas, pero sus directivos entendieron que los pozos son temporales y que representan el peor momento para tomar las decisiones más importantes. Hicieron el sacrificio de mantenerse pese a la crisis y, una vez salieron del pozo, el camino volvió a ser exitoso. Si alguien examinase su cuenta de resultados de los últimos cuarenta años, vería que aquella crisis que llevó a Merretiro a cerrar no fue más que un solitario punto negro en la exitosa trayectoria de Memantengo. No era algo representativo de la vida global de la empresa, sino algo aislado.

#88peldaños
No sacrifiques la grandeza de tu futuro por una impotencia de tu presente.
@anxo8BELTS

Esto es lo que yo llamo la tiranía del corto plazo, y la mejor manera de no ser víctima de ella es anticipar. Es saber qué es un pozo y ser consciente de que tarde o temprano llegará y de que intentará hacerte creer que no es negro solo el pozo, sino todo el camino. La clave está en pensar en estos factores no el día que surgen, sino el día que tú arrancas, cuando los pozos ni siquiera acechan tu realidad. Piensa en ellos no cuando aparecen, sino antes, y entrena la actitud que tendrás ante ellos el día que lleguen. Anticípate a los problemas y los empequeñecerás.

La mayor fuerza de los problemas es el efecto sorpresa, el mismo que la anticipación elimina.

---

25. LOS POZOS DE PETRÓLEO

En cuanto los medios de comunicación empezaron a hacerse eco de que 8Belts era un método único en el mundo y de que nuestro slogan «habla chino en ocho meses» era demostrable, yo empecé a recibir cada vez más llamadas para dar charlas de todo tipo. Las más apasionantes para mí eran y siguen siendo las motivacionales. En todas ellas hay una frase que procuro no olvidar incluir:

«Mis talentos no son mayores que los vuestros. Simplemente diferentes. Todos y cada uno de los que están en esta sala tiene al menos una habilidad única que dejaría al resto de la sala boquiabierta».

Esa área es tu punto estrella, y tú su Michael Jordan. Para ti constituye un pozo de petróleo.

Tú navegas por la vida y la vida te lanza miles, millones de situaciones a las que te encaras a diario y ante cuya inmensa mayoría nada sucede. Pero de repente un día ante una de ellas se da una situación en la que algo sí sucede. La vida observa la situación, te observa a ti, observa tu reacción y te dice:

«Un momento. Acaba de suceder algo. Tu reacción ante este evento no es igual que el de otras personas. Es diferente. Especial... Tal vez estés ante un momento petróleo».

Y ante eso tú debes hacer algo que no es fácil: escuchar esa alerta que la vida te ha lanzado, examinarte y ver si realmente ahí hay una mina que explotar. Si la respuesta es sí, es importantísimo que seas consciente de su existencia, ya que esa habilidad que tú tienes es singular, algo que muchos desearían tener. Una vez la descubres, tú eres el responsable de que no caiga en el peligroso saco del desaprovechamiento.

Los pozos de petróleo son auténticas minas para ti y para tu felicidad. No porque te vayan a dar dinero, sino porque te darán realización. Suponen una inmensa fuente de realización personal en áreas de las que solamente tú, por ser exactamente quien tú eres, puedes sacar partido. Serás tú y no otro porque lo que para ti es petróleo para otro es nada, igual que lo que para ti es nada, para otro es petróleo. ¿Por qué tú? porque el tipo de padres que has tenido, el momento en la historia en que has nacido, tus experiencias, tus fracasos, tus triunfos, tus méritos, tus humillaciones, tu genética, tu conocimiento, tu visión, tus anhelos, tus batacazos, tus esfuerzos, tu aprendizaje, tus logros, tus manos, tu cabeza, tu corazón... porque todo eso, junto, te hace único. Y esa singularidad te hace ser el mejor y único candidato para poseer y aprovechar ese pozo. Es lo que yo llamo el Emparejamiento Perfecto. Tú y tu pozo. O lo que es más frecuente, tú y tus pozos.

Un momento petróleo sería el día en que Frank Sinatra estuvo por primera vez delante de un micrófono, el día que Pablo Picasso tuvo en su mano su primer pincel o el que Steve Jobs o Bill Gates estuvieron delante de su primer ordenador. Ese día la vida les habló y les dijo «aquí acaba de suceder algo especial que podría cambiar el resto de tu vida». Y de hecho la cambió. No sólo la de ellos, sino la de miles de millones de personas que se beneficiaron de que ellos hubieran encontrado su pozo. Se produjo uno de esos Emparejamientos Perfectos. El petróleo necesitaba ser extraído y los genios necesitaban extraerlo.

Todos llevamos un mini (a veces «maxi») genio dentro que pide a gritos ser extraído. Eso no significa que nuestros minigenios interiores vayan a hacernos a cada uno mundialmente conocidos. Pero esto es curioso porque si hay un motivo por el que nuestras genialidades no nos harán conocidos, no es tanto porque no sean genialidades, sino porque no todas son valoradas con la misma efusividad por la sociedad. Ser un genio del cine o la pintura siempre recibirá mucho más reconocimiento que ser un genio en jardinería o arreglando relojes. No porque tenga un mayor valor, sino *porque tiene mayor visibilidad*. Pero lo importante no es ni la visibilidad ni el reconocimiento que recibas, sino la realización que tú sientas. Los pozos de petróleo son, por encima de todo, pozos de realización, y lo importante no es cuánto te hacen sentir valorado por fuera, sino cuánto te hacen sentir realizado por dentro. Lo importante no es si alguien se dedica a cantar o a cuidar plantas, sino cómo de realizado se encuentra el cantante con la canción o el jardinero con las plantas, o lo que es lo mismo, cuánta satisfacción extrae cada uno de sus pozos de petróleo personales. Pero nada de ello se consigue sin el primer paso. Detectarlos.

Aquí juegan un importante papel tanto el sistema educativo como nuestros padres. Igual que nosotros debemos estar en constante alerta con nosotros mismos, los padres deben estarlo con sus hijos para averiguar cuándo hay un momento petróleo, cuándo no y cuándo hay algo que parecía serlo pero resultó ser una falsa alarma. Los padres tienen una responsabilidad mayor porque el sistema educativo no siempre ha sabido cumplir con la suya. Considero que uno de los principales fracasos del sistema educativo es que se preocupa más por hablar que por escuchar. Si en lugar de ser así fuera al revés, se darían cuenta de que lo importante es lo que extraes de la cabeza del niño, no tanto lo que metes en ella.

La clave no está en lo que aprende el niño del mundo, sino en lo que para adaptarse al mundo, aprende de sí mismo.

Si en doce años de educación solo se consiguiera que el alumno descubriera dos o tres de sus pozos de petróleo y se le ayudara a saber en qué áreas cuenta con un valor especial que pueda aportar al mundo, sólo eso valdría mucho más que los cientos de horas de deberes y exámenes. El mundo sería el segundo mayor beneficiado. El niño, el primero.

Como el sistema educativo no lo consigue, de ahí que todo el peso recaiga sobre los padres durante la niñez y sobre nosotros mismos de adultos. Darse cuenta demasiado tarde supone un aumento del desaprovechamiento, el cual ya hemos visto que es el verdadero enemigo de la vida.

Yo pasé diez años de colegio en España. Era malo en dibujo, mediocre en manualidades y varias pruebas objetivas indicaron que era excepcional en matemáticas, pero nunca recibí una sola palabra de ánimo que reconociese esa excepcionalidad. En consecuencia concluí y actué como si ese talento nunca lo hubiera tenido. Eso es un desaprovechamiento, y una parte de él es irrecuperable, porque

#88peldaños
fomentar pronto el talento es multiplicar su recorrido.
@anxo8BELTS

Pero además de ser un desaprovechamiento, es algo injusto, descompensado, incluso sesgado, no a favor del niño, sino en su contra, y debe ser evitado. ¿Cómo evitarlo? Identificando el pozo del que el niño, o tú en este caso, van a sacar ese petróleo de donde el resto no habríamos extraído nada.

Todos tenemos al menos un área de talento y pasión que dejaría a las personas de nuestro entorno atónitas y de la que, una vez identificada, podremos obtener inmensas dosis de realización personal. Esta área o áreas son nuestros puntos-estrella y constituyen nuestros pozos de petróleo personales.

El paso uno está en identificarlos. El paso dos está en aprovecharlos.

26. LAS BOLAS DE NIEVE HORIZONTALES

Cuando pones en marcha cualquier tipo de proyecto o realizas cualquier trabajo que genera valor y mejora la vida de un número de personas, tanto tú como ellos pensaréis en las ventajas que poner en marcha ese proyecto ha tenido tanto para ti como para los beneficiarios. Es un impacto vertical en el que tú pusiste una bola de nieve en marcha y ella rueda cuesta abajo, verticalmente, impactando positivamente en todo aquello que se encuentra a su paso. Todo el mundo verá tu impacto vertical, pero el que mejora el mundo no es éste, sino otro mayor: el impacto horizontal. La magia de poner un proyecto en marcha que mejore el mundo no está en el impacto directo que tiene sobre los principales beneficiados, sino en el que tiene en todos aquellos que te estaban observando y que, inspirados por ti y gracias a que tú pusiste en movimiento tu bola de nieve, ellos pondrán en marcha las suyas. El impacto vertical de tu bola es finito. El horizontal no tiene límites. Su efecto es multiplicador y exponencial porque no activa una bola, sino muchas.

Inicia tu bola de nieve no tanto para construir tu huella, sino para inspirar a otros a que construyan la suya.

Ése es el verdadero cambio que transforma el mundo a partir de una sola bola. En un Peldaño anterior hice alusión a la victoria de Gandhi ante el ejército inglés. Si ganó esa guerra no fue por el trabajo de sus manos. Ése es el impacto directo pero minúsculo. Si la ganó fue por el efecto multiplicador de sus palabras e ideas, por inspirar con ello a todo un pueblo. Ése es el impacto indirecto pero mayúsculo.

#88peldaños
El poder de tu llama no está en lo que ella quema,
sino en lo que queman aquellas que tu llama prendió.
@anxo8BELTS

27. ¿VOLUN... QUÉ?
VOLUNTARIADO

Dado que llegué a Estados Unidos aún siendo un adolescente y me quedé allí bastantes años, la influencia que este país tuvo sobre mí fue significativa. Cuando mi inmadurez era mayor, me dejé sorprender por sus puntos positivos y durante un tiempo, en mi mente, Estados Unidos representaba lo bueno y España lo malo. Por suerte mi inmadurez me fue abandonando y con el tiempo me fui dando cuenta de que el conjunto de virtudes de Estados Unidos con respecto a España no era mayor, sino solo diferente. Sin embargo, una que me impactó de manera especial fue la importancia del voluntariado, por su efecto tanto en la persona de forma individual como en el país de forma colectiva. Es una de las principales fuerzas que mueve al país americano, y sin embargo en España, aunque creciente, todavía tiene un amplio margen de recorrido.

Hay dos motivos principales por los que el voluntariado es un Peldaño del éxito, y curiosamente ninguno de ellos es altruista. Son todos positivamente egoístas, si bien de forma indirecta.

El primero es que cuando estás en tu carrera hacia tu éxito personal hay algo sobre lo que piensas casi las veinticuatro horas del día: tú. Es fácil entrar en ese ciclo de ensimismamiento donde tú eres el centro de todo. Si pensásemos en nosotros mismos por espíritu de supervivencia para cubrir unas necesidades básicas, esa preocupación sería más legítima, pero lamentablemente lo que nos preocupa de nosotros mismos ya no es sólo responder a un instinto básico de supervivencia, sino también a un cóctel de «necesidades» entre las que se encuentra el ego, la vanidad, el materialismo, y el egoísmo; en definitiva, la egolatría. Hasta un punto es constructivo mirar por los intereses propios, pero a partir de ahí es necesario ponerse a uno mismo en perspectiva y restringir ese egocentrismo.

¿Cómo?

Hay varias formas, pero quizá la más importante sea el voluntariado. Hará algo de cara a tu éxito de un valor incalculable: conseguir que dejes de pensar en ti para pensar en otros. Al principio del Peldaño decía que hacer voluntariado representa un Peldaño de *tu* éxito no por lo que hará por otros, sino por lo que hará por *ti*. A pesar de ser otros los que se beneficien del trabajo voluntario que nosotros hagamos, los mayores beneficiados no son ellos, sino nosotros.

El voluntariado al beneficiado le cambia el día. Al voluntario le cambia la vida.

Su mayor virtud es que te ayuda a repriorizar tu escala de valores. La sociedad en la que vivimos es ególatra por naturaleza. Pensamos en nosotros mismos, buscamos objetivos para alimentar nuestro ego, los conseguimos y volvemos a empezar la carrera hacia los siguientes. El voluntariado nos puede hacer salir de ese círculo mediante algo sencillo de decir pero difícil de hacer: poner el foco en otros en lugar de en nosotros mismos. Mientras todo el marketing de nuestro entorno nos seduce día y noche para que nos demos más caprichos, el voluntariado nos pide justo lo contrario: centrarnos en algo que no está entre las cuatro paredes que componen nuestro cuerpo, sino fuera, y esto nos hará valorar infinitamente más lo que tenemos dentro.

Trabajar con ancianos nos hace valorar la juventud, trabajar con discapacitados nos hace apreciar las piernas, trabajar con refugiados nos hace valorar nuestro hogar, trabajar con gente marginada nos hace reconocer lo privilegiados que somos. Lo paradójico es que ningún relato en tercera persona, ningún instructor, ningún libro, ningún documental podría hacernos entender esa misma lección. Sólo la experiencia propia tiene ese poder.

El segundo motivo es la importancia que el voluntariado tiene de cara al éxito colectivo. Pero incluso esto es positivamente egoísta, ya que lo consigue a través del éxito individual.

La virtud del voluntariado no está tanto en el beneficio tangible del trabajo del voluntario, sino en la transformación de la mente del que lo realiza. El efecto de ese trabajo no es lo duradero. Lo que sí dura es lo que sucede en tu mente cuando realizas ese trabajo.

Cuando te sumas a un grupo de personas para pasar la mañana de un sábado limpiando un río de vuestra comunidad altruistamente, pasada una semana el río podrá estar limpio o no, pero tu mente no te permitirá tirar ni siquiera una colilla al suelo durante el resto de tu vida. Pensarás no en ti, sino en otros, y serás consciente de que si tú la tiras alguien tendrá que recogerla. Tu mente se transforma y gracias a ello se beneficia toda la sociedad. Pero lo curioso es que estas acciones de sensibilización que te hacen pensar en otros en lugar de en ti tienen un efecto tremendamente positivo en *tu* propia ruta del éxito, ya que te hacen recordar qué es lo realmente importante en la vida para *ti*.

#88peldaños
Piensa menos en tu carrera y más en para qué corres.
@anxo8BELTS

Igual que de vez en cuando un piano necesita ser afinado, las ruedas del coche alineadas, o los músculos estirados, tu ego necesita un chequeo que lo mantenga cerca de la realidad y le permita sensibilizarse con otros y a ti apreciar qué tienes, por qué lo tienes y si realmente lo valoras. Ésa es la magia del voluntariado.

No te quedes literalmente con la palabra «voluntariado». Estírala todo lo necesario para incluir cualquier acción altruista. Lo increíble del altruismo es que en teoría es algo que hacemos para otros, y sin embargo los máximos beneficiados somos nosotros mismos. Es más, recurre a él si alguna vez te encuentras en un punto de total insatisfacción con tu vida. Haz lo que la gente no suele hacer. En lugar de seguir pensando en cómo ayudarte a ti, decide ayudar a otros y con ello resolverás tu problema inicial. Tanto el voluntariado en concreto como el altruismo en general son el antídoto perfecto para desatascarte de la rutina en la que te encuentres inmerso.

En mi vida he participado en unas veinte o veintidós acciones de trabajo social y voluntariado. Guardo un grato recuerdo de un programa en el que un grupo de universitarios nos reuníamos con reclusos de una prisión local, de un verano que pasé dando de comer y escuchando y conociendo a personas sin techo como miembro de la ONG The Open Door Community en Atlanta, de unas jornadas para abolir la pena de muerte llevadas a cabo en conjunción con el centro Carter, del expresidente estadounidense Jimmy Carter, que tuvieron lugar en su estado natal de Georgia, y del programa de mentorazgo Big Brothers & Big Sisters, en el que un joven adulto tutela a un niño en riesgo de exclusión y pasa con él un número de días al mes para servir de ejemplo y mentor.

De todas aprendí, pero sin duda, la experiencia que más me marcó fue trabajar con refugiados políticos de Bosnia con la ONG Jubilee Partners. Sus historias aterradoras de las secuelas de la guerra de los Balcanes, incluso más de una década después de haber tenido lugar, me calaron como pocas. Recuerdo a Riffet, un refugiado bosníaco-musulmán al que yo daba clases de inglés. Cada día, llegado a un punto de la clase contorneaba su cuerpo de una forma muy extraña y acto seguido expresaba un gesto de alivio. La escena se repitió tantas veces que mi curiosidad superó mi cautela. Al ser preguntado por ello me contó que todavía llevaba un pequeño trozo de bala en su cuerpo. A mis diecinueve años, imposible describir la perplejidad e incapacidad de reacción que me sobrevino al oír esa respuesta.

Cada una de esas historias consiguió hacer de mí un ser más humano y más sensible hacia mi entorno. Vives una experiencia así y quizá ellos no sean iguales gracias a ti, pero sin duda tú no serás lo mismo gracias a ellos.

De todas esas experiencias, algunas me desatascaron en momentos en los que me encontraba perdido y otras simplemente me dieron una perspectiva de la que me beneficié en los años posteriores y de la que todavía hoy me sigo beneficiando, pero de todas puedo decir que me ayudaron a crecer como persona.

Lo importante en la vida es aquello que no te pueden robar: las personas, el conocimiento, las experiencias.

El mayor beneficiado del voluntariado en concreto y del altruismo en general siempre eres tú.

28. EL BINOMIO DEL ÉXITO

El éxito es como un pájaro cuyo equilibrio proviene de sus dos alas. Si puede volar es gracias a la existencia de ambas. El ala derecha del éxito es todo aquello que tú has hecho para llegar hasta donde estás. El 100 por ciento de esa parte es mérito tuyo. Incluye el esfuerzo, el desgaste, el arranque, las horas de preocupación, los miedos superados, en definitiva, el precio que tú y solo tú has pagado para alcanzar tu recompensa.

El ala izquierda son todos aquellos componentes que te han empujado a alcanzar tu éxito pero que son 0 por ciento mérito tuyo y 100 por ciento mérito de otros. Tu familia, el país en el que has nacido, aquel profesor que se quedaba contigo después de clase, todos los amigos que te han animado y apoyado en los momentos más duros del camino, quienes te han dado la oportunidad profesional o los muchos que te han inspirado a superarte.

Por el ala derecha casi no tienes ni que dar las gracias. Por el ala izquierda no te plantees ni por un segundo dejar de hacerlo. El ala derecha te da la autoconfianza para alcanzar el éxito. El ala izquierda te da la humildad para mantenerte en él. Igual que ningún pájaro vuela con una sola ala, en el éxito se vuela con la autoconfianza unida a la humildad.

Cada vez que pienso en todo lo que tuvimos que hacer para crear 8Belts, el vértigo se apodera de mí. En charlas suelo hablar de la miopía de los emprendedores. Si supiéramos lo difícil que iba a ser el camino, no hubiéramos arrancado. Pero para cuando nos damos cuenta miramos atrás y al ver todo el camino recorrido no podemos no seguir. Emprendimos gracias a que éramos miopes. Si hubiera sabido lo difícil que iba a ser construir la metodología y la empresa tal vez no lo hubiera hecho. La base del método 8Belts se compone mayormente de algoritmos matemáticos destinados a obtener el máximo rendimiento de cada hora de estudio del alumno que han hecho que la Ruta de los 8 Cinturones, para cada uno de nuestros estudiantes, sea algo cuantificable, concreto y medible. Yo me peleé con esos algoritmos durante meses y en algún caso hasta años (a día de hoy sigo ajustándolos en un intento permanente por acercarlos cada vez más a la perfección). Han sido horas y horas de trabajo y frustración. A veces no encontraba las soluciones a mis propios planteamientos y acudía a personas expertas en matemáticas para retar mis planteamientos o ayudarme a resolverlos. El día de mi primer viaje de trabajo, entre Fisterra y A Coruña pensé en las decenas de viajes como ése y mayores que tendría que realizar si mi sueño acababa siendo una realidad. Mi predicción se cumplió. No han sido decenas, sino ya cientos de viajes de trabajo. Mi primera llamada de trabajo fue a Kermy, nuestro primer programador. Le expliqué el proyecto, la metodología y los algoritmos matemáticos que él tendría que descifrar y comprender para luego volcarlo todo a internet. Le pregunté cuánto tiempo estimaba que podría llevarle un trabajo así. Me respondió que más o menos un mes.

¿Un mes? Acabaron siendo *cuatro* largos y laboriosos años de sudor e ilusión. Ilusión y sudor.

Recuerdo cada gota de ese duro esfuerzo no para mirarme al espejo y vanagloriarme, sino para tener presente que ese trabajo tiene un valor y que ese valor es bueno que sea reconocido.

Todo eso es mi ala derecha. Pero para mí, más importante que mi ala derecha es la izquierda: todos aquellos que me ayudaron a hacerlo posible. El apoyo incondicional de mis seres queridos no tiene precio. Cuántas veces se volcaron conmigo en momentos difíciles, me escucharon cuando necesitaba relatar mis frustraciones y me animaron a continuar cuando las dudas me seducían para que no lo hiciera. Y al mismo nivel sitúo a los miembros del equipo que forma 8Belts, el 8Team. Los que mueven la maquinaria en el día a día que ha permitido que miles de personas hoy puedan incluir el chino en su currículum son ellos, no yo. La prensa me ha situado en el centro de los elogios, pero eso es injusto. Ellos son en gran medida mucho más merecedores del reconocimiento por los éxitos de la empresa que yo mismo. El día que eso se me olvide estaré cometiendo un error. Todos ellos son mi ala izquierda y perderla significaría dejar de volar.

#88peldaños
Ten autoconfianza (ala derecha) para poder alcanzar el éxito.
Ten humildad (ala izquierda) para poder mantenerte en él.
@anxo8BELTS

29. LAS PERSONAS MÁS GRANDES SON LAS QUE MENOS BUSCAN PARECERLO

**Las personas más grandes son
las que menos buscan parecerlo**

Este Peldaño se centra en la importancia de la humildad. A medida que nuestro éxito va aumentando, también lo hace el peligro de creernos superiores a los demás, de tener aires de grandeza y alejarnos un paso más de todo aquello que nos hace humanos. En torno a esta tentación, se crean dos grupos, el que resiste a la tentación y se mantiene humilde, y el que sucumbe ante ella y se vuelve arrogante.

Si la subida te hace olvidar la humildad, ya se encarga la caída de recordártela.

Recuerdo una foto tomada por un astronauta desde el espacio en la que la Tierra aparecía a lo lejos como algo minúsculo. Apenas se distinguían los colores de los mares, las nubes o las montañas. Los continentes eran prácticamente inapreciables. Los países y las personas inexistentes. Al verla lo primero que pensé fue en las propiedades curativas que estar en una situación así debe tener para cualquiera que se crea un gramo más de lo que es. Cuando ves tan gráficamente el lugar tan insignificante que ocupa toda la Tierra y el lugar atómico que ocupo yo dentro de ella, es difícil sentirse con derecho a cambiar la forma de hablar, vestir o caminar, solo por dominar un idioma más que tu vecino o marcar más goles que tu compañero de equipo.

#88peldaños
Que nos hagan mejores que los demás puede haber cientos de cosas.
Que nos haga superiores no hay siquiera una.
@anxo8BELTS

He aprendido que si al alcanzar el éxito pierdes la humildad, te acercas un paso más al fracaso. Creerte que vuelas es la mejor manera de dejar de hacerlo. Alcanzar el éxito y permanecer en él requiere de una cierta madurez para saber gestionar ese éxito. Es importante tener siempre presente dos cosas. La primera es que el éxito, igual que se alcanza, puede perderse, por lo que siempre es un error actuar como si te perteneciese. La segunda es que si actúas con arrogancia al subir, ese orgullo se convertirá en brasas al bajar. Cada palabra, gesto, actitud, cada paso que des con aires de superioridad en la subida se volverá en tu contra en la bajada, mientras que si no lo das, estarás protegido tanto si bajas como si no.

Cuando te ensalcen, piensa siempre en dos cosas: lo que ya has hecho, y lo que te falta por hacer. Lo primero para no dejar de ser agradecido. Lo segundo para no dejar de ser humilde.

Existe un motivo adicional que eleva la importancia de la humildad al máximo exponente. Si quieres ser aprendiz, debes ser permeable, y sólo serás permeable si eres humilde. En mi empresa he tenido que examinar miles de currículums y entrevistar a cientos de personas. En todas ellas, la humildad es quizá la cualidad que más positivamente he valorado. Si contrato a alguien arrogante, tendré problemas de ego en la empresa, se crearán rivalidades y tendré dificultades para conseguir que se adapte a la cultura de empresa que todo director busca. Si contrato a alguien humilde, contrato a una esponja dispuesta a aprender y a crear el ambiente entre sus compañeros más propicio para el crecimiento.

**Una persona arrogante busca brillar.
Una persona humilde busca crecer.**

---

30. LOS COCINEROS Y EL EQUILIBRIO

Don Experto era un cocinero con muchos años de experiencia en la cocina. Tenía una amplia trayectoria y una longeva reputación. Sabía que en la cocina como en la vida la clave del éxito está en hallar el equilibrio, no dando a todos los ingredientes la misma importancia, sino a cada uno la que le corresponde.

Don Novato nunca había puesto un pie en la cocina. No contaba con ninguna experiencia y tanto en la cocina como en la vida desconocía que el éxito se rige por el equilibrio.

Ambos tenían el encargo de servir a ocho comensales elaborando un plato que casualmente incluía ocho ingredientes. Don Experto, que durante muchos meses había fracasado en sus intentos de preparar ese plato hasta que por fin lo consiguió, conocía las proporciones adecuadas para combinar los ingredientes de manera que entre todos produjesen el sabor más óptimo.

Para elaborar su plato, cada uno de los cocineros cuenta con un pollo, un tomate, un pimiento rojo, champiñones, sal, pimienta, cebolla y ajo.

Don Experto decide mezclarlos de forma que el sabor esté en equilibrio y ofrecer a cada comensal un plato que incluye todos los ingredientes. Don Novato ve que el plato que está preparando cuenta con ocho ingredientes, y como justo hay ocho comensales, le parece lógico dar un ingrediente entero a cada uno: a uno le sirve un

plato de sal, a otro un plato de ajo, a otro un plato de cebolla, y así sucesivamente.
Los comensales no estaban precisamente «exultantes».

¿Qué representan los componentes de la historia?

Cada uno de los recipientes son los años de nuestra vida, y cada uno de los ingredientes, las áreas con las que llenamos nuestros años.

Centrar toda nuestra existencia en el trabajo o en el ocio exclusivamente sería copiar a Don Novato y llenar nuestro plato con tan solo un pimiento o una cebolla. Encontrar el equilibrio en la vida es como encontrar la armonía en los ingredientes, no todo de uno, sino un poco de todos, y no en proporciones iguales. El ocio no pesa tanto como la familia. Las horas de deporte no pueden ser tantas como las de trabajo.

Este símil no se aplica solo a las áreas de nuestra vida, sino también a las personas y a las relaciones. No des todo tu tiempo a una, pero tampoco se lo des a todas por igual. Dáselo a cada una en función del papel que juega en tu vida. Quizá una persona sea tu Sol, pero no olvides que el sistema se compone no solo del Sol, sino de éste y muchos planetas. El Sol se lleva una gran parte de tu atención, pero sería un error dársela toda. El pollo es el ingrediente principal, pero no dejes de combinarlo con un poco de sal o pimienta. El equilibrio está en emparejar los ingredientes con sus cantidades, el tiempo con lo importante.

El éxito se halla cuando el equilibrio se obtiene dándole a cada pieza del rompecabezas la importancia que le corresponde. El número de gramos de sal es una fracción del número de gramos de pollo, pero sin embargo esa es su justa medida y la más correcta para dar el mejor sabor al plato en conjunto.

#88peldaños
El reto de la vida consiste en saber emparejar el tiempo
y las prioridades.
@anxo8BELTS

31. PRIMERO LAS PERSONAS. DESPUÉS EL RESTO

#88peldaños
De las muchas áreas que componen tu vida, las personas solo
representan una. Pero por mucho, la más importante.
@anxo8BELTS

¿Tienes una lista de prioridades? Si tu trabajo, tus proyectos, tus sueños, tus hobbies ocupan un lugar superior al quinto, bájalos. Los cuatro primeros puestos solo deberían tener un ocupante: las personas.

Cuida a las personas. En su lecho de muerte, nunca nadie se ha arrepentido de pasar más horas en la oficina, pero sí de no haber dedicado más tiempo a un hijo, a un padre, a una esposa o a un amigo.

De vez en cuando, y sólo de vez en cuando, imagínate la vida sin tus seres queridos y quiérelos más.

Que ningún proyecto sea tan primordial como para nublarte ante la importancia del papel que las personas que quieres juegan en tu vida. Entiende la importancia de tus seres queridos para ti y la de los suyos para ellos. Quizá el mayor de los regalos para los seres queridos nuestros es mimar a los seres queridos suyos.

Inversamente, no des tu tiempo a todos por igual. Valora tu tiempo y tu vida. Regálaselo sólo a quienes realmente se lo merezcan. Cada vez que regalas una hora a alguien que no la valora, se la estás negando a alguien que podría merecerla mucho más. Cuántos días, semanas y meses regalamos a personas que ni les ven valor ni jugarán ningún tipo de papel en nuestro viaje a largo plazo. De tu lista de personas importantes, tú debes estar a la cabeza, y valorarte a ti mismo es valorar tu tiempo y a qué personas se lo regalas.

En las relaciones con la gente que realmente juega un papel en tu vida, pide mucho, pero da muchísimo. Nunca te escudes en los lazos que te unen a las personas para justificar tu falta de implicación en la relación. Nunca digas «como es mi hijo, sé que siempre me va a querer». Di: «precisamente porque es mi hijo, me esforzaré en darle los mayores motivos para que siempre me quiera».

El amor es como la amistad. Nunca puede ser exigido, sino sólo merecido.

Lo que muchos no entienden es que esta máxima no aplica sólo a los amigos, sino también a la familia. No se gana el respeto con un anillo matrimonial o por un vínculo familiar otorgado por el nacimiento. El respeto debe ser algo a ganarse diariamente, al igual que la confianza, y alimentado día a día igual que una planta. Cada día que inviertes en una relación o amistad verdadera es un gramo de un tesoro, el cual será un acierto proteger y conservar. La vida se compone de numerosas áreas con capacidad para enriquecer, pero son las personas, y no el resto, las mayores fuentes de realización y enriquecimiento. Fallar en la escala de valores y no dar a las personas los primeros puestos de nuestras prioridades es ir contra el éxito. El éxito es tener la perspectiva adecuada para emparejar el tiempo con las prioridades en constante búsqueda del equilibrio adecuado. Fracasar en esto es retirar el naipe que derriba la torre.

Las personas son las principales puertas de los paraísos de la vida. Y quien más llama, más paraísos descubre.

---

32. POR CADA SITUACIÓN QUE LAMENTAR (SIEMPRE) HAY MIL QUE CELEBRAR

Las palabras «sí, pero» vienen a ser algo así como el descansillo de las escaleras. Imagínate un largo pasillo horizontal dentro de un edificio. Al final de él se encuentra una puerta que tras cruzarla te sitúa en el descansillo de una escalera. Te estabas moviendo de manera horizontal y al llegar hasta él ahora tienes dos opciones. O subir o bajar. Funciona como una plataforma para cambiar de sentido. «Sí, pero» funciona igual. Es la frase que se usa para modificar la trayectoria de la conversación y cambiar de dirección. Lo que he visto a lo largo de los años es que hay un grupo de personas que siempre la usa para ascender y otro para descender. Al primer grupo yo los denomino el grupo RH+ y al segundo, el RH– (erre hache positivo y negativo). Por supuesto no tiene nada que ver con su grupo sanguíneo real, pero es igual que si lo fuera, ya que el primero parece llevar siempre la positividad en la sangre, y el segundo parece no llevarla por más «transfusiones» que reciba.

Una conversación con los RH– sería algo así:

Tú: Qué sol más bonito hace hoy.

RH–: Sí, pero hace mucho frío. Además es posible que llueva.

Tú: ¿Qué tal tu casa? Me dijeron que te has mudado a un ático con una terraza enorme.

RH–: Sí, pero con este tiempo no hay quien la aproveche.

Tú: Bueno, la tienes para el verano...

RH–: Sí, pero a saber donde estaré para entonces.

Fíjate en la diferencia con un RH+:

Tú: Cómo lo siento. Me he enterado de que perdiste el trabajo.

RH+: Sí, pero ya tengo un par de ideas en mente para establecerme por mi cuenta.

Tú: ¿En este momento? Mira que está todo muy mal...

RH+: Sí, pero siempre hay oportunidades.

Tú: Igual te cuesta encontrar financiación.

RH+: Sí, pero el proyecto es bueno y sé que conseguiré que los inversores vean su valor.

En el camino hacia el éxito, ser positivo no es una opción, sino una necesidad. Es la energía que provoca el triunfo; una corriente que te arrastra hacia la cima. La negatividad es la energía del fracaso. También te arrastra, pero en la dirección contraria. Son como dos ríos divididos por un sendero muy estrecho. A ambos los mueven dos fuertes corrientes en direcciones opuestas. Uno de ellos tiene la capacidad de atraer la flora y la fauna porque su agua es clara y prístina, y la fuerza de la corriente usa sus aguas para purificarlo todavía más. Se pueden ver peces y algas a través de sus aguas transparentes, y flores en sus orillas. El otro es oscuro, maloliente, sucio y está contaminado, por lo que en él no habitan seres vivos. Es inhóspito y hostil la vida. La misma fuerza de la corriente que en uno genera más vida, en el otro la destruye.

Así funciona la relación entre positivismo y negativismo. El positivismo genera más positivismo. Atrae a nuestro entorno. Genera crecimiento y alimenta la vida. El negativismo, apaga la vida y destruye el crecimiento. Aleja a la gente de nosotros. Es un imán para lo malo y se interpone en tu camino al éxito, amenazando tus posibilidades de alcanzarlo. Ambos se multiplican por sí mismos. El positivismo genera más positivismo y la negatividad engendra más negatividad.

La corriente del positivismo pone en marcha la cadena del positivismo. Al ser positivo piensas en positivo y ves en positivo. Esto te hará actuar en positivo y al final verás que con ello el mundo cambia a positivo. La fuerza y la energía que generan siempre están ahí. Tú eres el que decide aprovecharlas o ignorarlas.

#88peldaños
Por cada situación que lamentar hay mil que celebrar.
@anxo8BELTS

33. EL PODER DE LOS TRES ARRASTRES

Para ser positivos es necesario preprogramarse. Aquí es donde entra el arrastre. Estás ante un arrastre cuando te sientes incapaz de llegar por ti mismo y algo te empuja allí adonde tú quieres ir. Hay veces en las que queremos dar el paso y saltar pero no conseguimos sacar la fuerza para darlo. Estamos en el borde de la piscina y deseamos zambullirnos en el agua, pero nos da pereza dar ese paso y hacerlo. Entonces alguien llega y nos empuja. Sin pensarlo, estamos dentro. Nos fastidia pero nos resuelve el dilema. El problema es que casi nunca llega ese alguien que nos da el golpe en la espalda cuando lo necesitamos. ¿Cómo hacerlo por nosotros mismos? Atando a nuestro tobillo una cuerda que amarra una roca en el otro extremo y lanzando esa roca. Nos da miedo saltar, pero nos da menos miedo empujar la roca para activar el arrastre. El poder del arrastre está en que, al hacerlo, él nos lleva a ese lugar al que no teníamos la fuerza de llegar por nuestro propio pie.

Existen muchos tipos de arrastres, pero los principales para preprogramarnos de cara al positivismo son tres:

La sonrisa, las palabras y el agradecimiento.

Lo primero que alguien ve de ti cuando se acerca es **tu sonrisa**. Ella es como la luz de un piloto encendido. Si está activada, tanto si quieres emitirlo como si no, el mensaje que da sobre ti es: soy afable, receptivo, me intereso por ti, quiero conocerte, no soy peligroso. Soy alguien que te interesa conocer.

Si está apagada, hasta cuando sea una representación completamente falsa, incluso injusta, de quien tú eres, casi sin tu permiso, dirá sobre ti: soy frío, distante, no me gustan las confianzas, no quiero nada de ti y no esperes gran cosa de mí. Recuerda que dará ese mensaje sobre ti tanto si tú lo deseas como si no.

Es posible invertir esa impresión inicial negativa con sucesivas conversaciones, pero ya estarás un paso más lejos de conseguirlo. Y viceversa. Sonreír no sólo predispone al resto hacia ti, sino que te predispone a ti hacia el resto. El mero gesto de sonreír desencadena una serie de reacciones en otros y sobre todo en ti que son el detonante de un ambiente positivo.

Si consigues sonreír incluso cuando por dentro estás decaído, estarás activando un arrastre que en cuestión de minutos te sacará de ese estado.

Las palabras son el timón de la mente. Son el segundo arrastre de la programación mental. Habla en positivo y verás en positivo. Hablar en positivo, incluso cuando por dentro te sientes negativo, significa lanzar la roca a modo de arrastre para poner en marcha la cadena que te hará ver en positivo y sentirte positivo.

Y por último el tercer arrastre. Este es mi arrastre preferido porque sus beneficios son transformadores. **El agradecimiento**. A partir de hoy mismo, cada noche antes de acostarte, anota en un papel tres cosas por las que te sientas agradecido. Tienes que ser creativo y específico, e ir más allá de dar gracias por la familia o la salud. La magia no está en las tres cosas que escribes, sino en lo que sucede en tu mente en las veinticuatro horas previas a hacerlo, durante el período en que activas tu radar para buscarlas. El ejercicio de buscarlas te forzará a encontrar cosas positivas en cada hora del día y minimizar las negativas. Te parecerá inverosímil el efecto positivo que algo tan simple tendrá en tu mente.

Éste es el Peldaño más demostrable de todos. Así que te pido que no me creas a mí. Ponlo a prueba tú mismo.

#88peldaños
Que tu cerebro dedique más tiempo a las posibilidades
y menos a los obstáculos.
@anxo8BELTS

34. ~~CAMBIA~~ MEJORA EL MUNDO

La gente dice: «si no te gustan tus circunstancias, cámbia-LAS».

Yo digo: «si no te gustan tus circunstancias, cámbiaTE».

Al cambiarte tú, las estarás cambiando a ellas.

Si quieres cambiar tus circunstancias, cambia tú. Si quieres cambiar tu entorno, cambia tú. Si quieres cambiar el mundo, cambia tú.

Sé tú el cambio que buscas. Si tu entorno no te da lo que buscas, cambia tú para provocarlo.

Hay dos maneras de equilibrar una balanza que tiene el plato derecho arriba y el izquierdo abajo. O subes el izquierdo para emparejarlo con el derecho o al revés.

Si no puedes bajar el mundo a tu gusto, sube tú a su encuentro.

Cuando vas caminando por la calle y te comes un caramelo, lo más práctico es tirar el envoltorio al suelo. No sabes cuándo vas a encontrar la próxima papelera y, después de todo, quién quiere llevar un papel usado en el bolsillo. Sin embargo, no lo tiras. El motivo no puede ser que tu ciudad esté limpia, ya que un papel más o un papel menos no limpia ni ensucia una ciudad. La razón es que tú te consideras un tipo de persona que *no tira papeles al suelo*. Es una cuestión de identidad. No lo haces porque consideras que existen dos bandos. Los que ensucian y los que no. Y tú estás orgulloso de estar en el lado bueno. Lo que has hecho no es cambiar el mundo, sino mejorar tu parcela, y al hacerlo, el mundo mejora.

Te voy a relatar una de mis historias preferidas, creada por el antropólogo estadounidense Loren Eiseley. La historia de las estrellas de mar.

Un buen día un niño llegó a una playa y observó que había millones de estrellas de mar sobre la arena que habían sido depositadas por el mar. Enseguida al niño lo invadió una inmensa tristeza cuando se dio cuenta de que la marea estaba bajando y que, para cuando subiera, estarían todas muertas. Sin pensarlo se puso a cogerlas desesperadamente una a una y a lanzarlas al mar. Corría desenfrenado. Parecía no tener consuelo.

Un señor mayor que estaba cerca observó lo que el niño hacía y le espetó en tono jocoso:

«¿Pero qué estas haciendo? ¿Cómo puedes ser tan iluso? Hay millones de estrellas. No vas a poder salvarlas a todas. No te das cuenta de que tu esfuerzo no vale la pena».

El niño lo observó con mirada seria, se agachó, sostuvo otra estrella de mar con dos dedos, la alzó, la lanzó al mar y, clavando de nuevo la mirada en sus ojos, le dijo aleccionándolo:

«A esa sí le valió la pena».

#88peldaños
El éxito de los que mejoran el mundo no se mide por lo que les queda
por resolver, sino por lo que ya han resuelto.
@anxo8BELTS

No pienses que para mejorar el mundo es necesario resolver ni todos sus problemas ni todo de un problema. Piensa que para mejorarlo solo tienes que estar en el lado bueno y mejorar tu parcela. Sacar de la pobreza a un pobre resuelve el 0 por ciento de la pobreza mundial, pero el 100 por ciento de la suya.

Tú no puedes cambiar el rompecabezas, pero sí puedes mejorar tu pieza. Ella es la parcela que tú controlas y al mejorarla contagias a las adyacentes y mejoras el rompecabezas global que forma el mundo. Cuando no estés seguro de la virtud de lo que haces, formúlate la siguiente pregunta:

«Si todos replicasen lo que yo hago, el mundo ¿mejoraría, empeoraría, o se quedaría igual?».

El mundo es un rompecabezas y tú el dueño de una pieza. No puedes cambiar su rompecabezas, pero sí puedes mejorar tu pieza.

---

35. PREGÚNTALE LA HORA A UN CIEGO

¿**P**or qué la mayor parte de la gente nunca le preguntaría la hora a un ciego?

Porque consideran que el ciego no la sabe, y que por tanto es una falta de respeto hacia su condición. Después de todo, ¿cómo la va a saber? Él no puede ver.

¿No tener vista es sinónimo de no poder saber la hora? ¿Seguro?

¿Te imaginas pasarte veinticuatro horas al día, siete días a la semana, trescientos sesenta y cinco días al año y tal vez noventa y cinco años de tu vida sin saber qué hora es solo porque eres invidente? Por supuesto que no.

Los que lo creen lo hacen sólo porque no han invertido tan sólo un par de minutos en ponerse en la situación del otro para entender que ser ciego no es ser idiota. Tienen decenas de maneras de saber qué hora es en todo momento. La más sencilla es simplemente mediante un reloj que te canta la hora con solo presionar un botón. Si lo piensas, tiene sentido, pero la mayoría de la gente no hace el esfuerzo de pensarlo. No dedicamos ese par de minutos a pensar que es de sentido común que un ciego tenga maneras de saber la hora y tampoco lo hacemos con algo terriblemente más desolador: la sensación de exclusión que debe dar que la gente te trate como un bicho raro solo por no tener vista. Si de diez personas que te pueden decir la hora en la calle, una fuera invidente, todos los viandantes siempre excluirían a la misma. (Seguro que no tienes dudas sobre cuál...)

Este Peldaño se concentra en la empatía. La empatía es pensar más allá de lo que se encuentra entre tus pies y tu cabeza. Es no centrarte en lo que tú ves, sino en lo que el otro siente cuando tú miras. Es no centrarte en lo que tú dices, sino en lo que el otro entiende. Es comprender que lo más duro para un ciego no es que le preguntes la hora, sino que no lo hagas. Es entender que excluir siempre a la misma persona es trasmitirle que es diferente con respecto a «nosotros», y que no hacerlo es decirle «te considero capaz», «te considero normal», y que posiblemente ambos sean sus dos piropos más codiciados.

Si quieres ser buen médico, no pienses como médico, sino como paciente. Si piensas como médico, piensas en recetarle la medicina más acertada y pasar al siguiente. Si piensas como paciente, entenderás que la mayor preocupación de éste es la ansiedad que le causa el desconocimiento, y que con un poco de empatía por tu parte y un par de palabras tranquilizadoras podrías evitarle veinte noches de insomnio preocupándose por algo intrascendente.

Si quieres ser buen profesor, no pienses como profesor, sino como alumno. Si piensas como profesor, te preocupará cuánto has enseñado. Si piensas como alumno, te preocupará, no cuánto le has enseñado, sino cuánto de eso él ha aprendido.

Lo importante no es que te interese la medicina o la enseñanza, sino que te preocupe la empatía. Es la madre del entendimiento, de la solidaridad, de la comprensión, de la comunicación y del estímulo. Prestar más atención no a lo que yo hago, sino al efecto que lo que yo hago tiene en ti, es acercarme al éxito como padre, como amigo, como jefe, como empleado, como líder. Es mejorar el ambiente de mi hogar, empresa, equipo, asociación. Es dar un espaldarazo a mis objetivos y un empujón al éxito.

En la introducción del libro detallé cómo mi pitonisa imaginaria me predijo que daría conciertos de música y voz en seis países, y como buena vidente, acabó teniendo razón. Uno de ellos fue en las islas Azores, en el auditorio del casino de la isla de Santa María. La sala estaba llena de gente y llegado un momento del concierto, mientras tocaba al piano y cantaba uno de mis temas, noté que el público no estaba enganchado. Tal vez la canción que elegí no fue la adecuada, o tal vez yo hice una pésima interpretación, pero la conexión con mi público se había perdido. Yo, que siempre intento estar enormemente pendiente de mis oyentes, me di cuenta al momento, y sin dudar hice algo muy poco común. Dejé de tocar y cantar en medio de la pieza, empecé a reírme como si hubiese recordado algo gracioso y, despojándome del miedo a las temeridades, dije en un portugués que fingía un tono relajado:

«rio-me porque acabei de me lembrar de uma piada engraçada que não posso deixar de lhes contar» [me río porque acabo de acordarme de un chiste graciosísimo que no puedo evitar contaros].

Una inmensa carcajada colectiva sucedió al fin del chiste, y tras la carcajada y el chiste tenía de nuevo la atención y la conexión que buscaba. No es improbable que, de todos los artistas que se encontrasen en una situación similar, la mitad no hiciese nada para corregir esa desconexión y la otra mitad se preguntase: «¿qué, desconexión?».

La empatía es escuchar en mucha mayor proporción que hablar, observar mucho más que actuar, comprender más que aconsejar, preguntar más que responder, y buscar comprender más que buscar ser comprendido.

#88peldaños
Tener empatía es saber el efecto que tiene fuera lo que tú eliges dentro.
@anxo8BELTS

Es ver aunque no tengas vista.

36. GRUPO-VIP SOLO HAY UNO

A la hora de decidir cómo tratar a las personas con las que entramos en contacto, casi todos las clasificamos en dos grupos, el Grupo-VIP y el Grupo-novip. El Grupo-VIP es aquel en el que colocamos a aquella gente a la que nos interesa tratar bien porque hacerlo puede reportarnos un beneficio, y el Grupo-novip, la que no.

El Grupo-VIP tiene un extraño poder de hacernos reír más, hablar más, mordernos la lengua más y hasta piropear más. Hay un solo problema. Que es todo falso.

Al mismo tiempo, tenemos dos sacos de los que hacemos uso, el Saco-sí y el Saco-no. Del Saco-sí extraemos los gestos y palabras que empleamos para esforzarnos en hacer sentir bien a la gente. Del Saco-no hacemos uso cuando agradar no está entre nuestros objetivos.

Pues bien, muchos te dirán que el éxito está en saber emparejar el Grupo-VIP con el Saco-sí y el Grupo-novip con el Saco-no. Yo te digo justo lo contrario. El éxito está en no emparejarlos. Destruye los cuatro sacos y quédate sólo con dos. Elimina el Grupo-novip y concede a todos la categoría de Grupo-VIP. Elimina el Saco-no y extrae todo exclusiva-mente del Saco-sí. Ofrece lo mejor del Saco-sí y siempre a todos por igual. Hazlo no por lo que vas a obtener a cambio, sino por algo infinitamente más poderoso: porque crees en ello.

#88peldaños
Sonríe más, piropea más, cae mejor.
No porque cuando lo haces ganas, sino porque cuando lo haces, te gustas.
@anxo8BELTS

37. ¿CUÁL ES EL MEJOR AMIGO DE LA MEMORIA? EL ELOGIO

Este Peldaño voy a tomármelo como un reto, el de conseguir que antes de que finalice, tú te hagas la siguiente promesa a ti mismo: comprometerte a que ayer haya sido el día en que menos elogios hayas expresado del resto de tus días.

¿Conseguiré convencerte?

Piropea más. Y hazlo por dos motivos: porque le alegras la vida al otro, y porque te la alegras a ti mismo.

Toma la palabra «piropear» no sólo como sinónimo de «decir un cumplido», sino como sinónimo de «dar ánimos». Cuando entres en contacto con alguien que conoces, piensa en todas aquellas cosas sobre esa persona que te resulten bonitas o agradables: sus virtudes, sus aptitudes, sus talentos, sus zapatos, su forma de pensar, su forma de vestir, su forma de caminar, hablar o sonreír, su amabilidad, o algo que ella hizo anteriormente que hubiese llamado tu atención y que puedas comunicarle al encontrártela. Luego sonríe y sencillamente transmítele abiertamente esas palabras mágicas de elogio y ánimo. No hay ninguna persona que, al oír tus palabras, no note un aumento de su felicidad interior de manera casi inmediata.

Si es así y algo tan sencillo tiene un efecto tan instantáneo y positivo, ¿por qué no hacerlo más a menudo? Elogiar es usar la llave que activa la felicidad de los demás. Es bonito tener ese poder, pero sólo lo tienes en función de cuánto lo usas. No usarlo equivale a no tenerlo.

Las críticas te corrigen un defecto. Los ánimos te corrigen diez.

Tan sólo ten en cuenta estas dos reglas:

Sé honesto.

Nunca digas un piropo que no te crees. Por un lado es una falta de respeto hacia el otro porque él o ella tiene derecho a exigir tu sinceridad. Por otro, nunca hace falta mentir porque siempre hay algo bonito que decir. Por mucho que tuvieses que buscar, siempre puedes encontrar algo de la otra persona que no te disgusta e incluso te gusta. Céntrate sólo en esa parte más positiva y comunícasela sin maquillaje.

Sé creativo.

Los piropos menos comunes son los más recordados.

La virtud de regalar cumplidos está en que su efecto es bidireccional. No solo alegras la vida a los demás, sino que también lo haces con la tuya, ya que es otra forma de programar la mente. Si te conciencias para que a lo largo del día, en cada situación, a cada persona con la que entables conversación le regales al menos un cumplido honesto, estarás obligando a la mente a convertirse en un radar que no deja de buscar cosas bonitas que decir, y eso la obliga a pensar en positivo, lo cual tiene un beneficio que cierra el círculo y te salpica de nuevo a ti al hacer que tu vida cambie a positivo.

#88peldaños
Las palabras de elogio y ánimo son el alimento de la ilusión,
y la ilusión el alimento de la vida.
@anxo8BELTS

38. NO INVIERTAS EN CORREGIR LO MALO TANTO COMO EN EXPLOTAR LO BUENO

Yo no soy muy dado a ir a bares, pero sí lo soy a acudir a fiestas entre amigos, sobre todo si va a haber presente algún instrumento musical. Hace años que en las fiestas me abalanzo sobre alguno, normalmente el piano. Me siento y me pongo a tocar y a cantar como si de caminar por el parque se tratase. A la gente le sorprende que pueda sentarme y tocar casi cualquier canción que me pidan, pero para mí es fácil porque es algo que he hecho toda mi vida, y muchas veces lo agradecen porque las fiestas acaban siendo originales y divertidas (los vecinos no siempre opinan lo mismo).

Tengo un amigo que no tiene un don especial para la música, pero, sin embargo, tiene una memoria prodigiosa. Es detallista con las personas y nunca olvida un cumpleaños, aniversario de boda, o incluso fechas importantes para algún amigo que el propio amigo no recuerda. Eso representa una virtud que a él lo vuelve singular y hace que la gente lo valore más gracias a ello. Yo en esa área, al igual que en una larga lista de otras innumerables carencias, soy pésimo, y es bueno que sea consciente de ello.

Ahora viene lo importante:

Si yo intentase caer bien siendo detallista y recordando las fechas señaladas de mis seres queridos o si él intentase amenizar nuestras quedadas sentándose al piano o cogiendo la guitarra, ambos experimentos serían un desastre. Él debe centrarse en lo que él hace bien, y yo, también.

Hay dos maneras de aumentar tu valor en el mundo. Una es mejorando lo malo. La otra es explotando lo bueno. La clave del éxito no está en lo primero, sino en hacer lo segundo. Los que cambiaron el mundo no tomaron aquello que hacían mal y lo mejoraron hasta hacer algo con ello, sino que tomaron aquello que hacían bien y con ello crearon algo único. Explotaron su ventaja comparativa, aquella área que hacían mejor que nadie y con la que nadie podía competir: su pozo de petróleo.

Puedes pasarte años corrigiendo algo que no haces bien y a lo mejor podrás llegar a ser el doble de bueno en algo que hacías mal. ¿Resultado? En lugar de un poco de una virtud, tendrás «dos pocos», pero seguirás estando lejos de alcanzar la excelencia en ella. O bien puedes concentrar toda tu energía en tu ventaja comparativa y llegar más alto que otros que no la tienen. Si es tu ventaja comparativa, es porque tienes una habilidad natural, lo cual significa que el mismo sendero que otros ven cuesta arriba, tú lo ves cuesta abajo.

#88peldaños
El éxito no está en mejorar tus numerosos defectos,
sino en explotar tus grandes virtudes.
@anxo8BELTS

No inviertas en corregir lo malo tanto como en explotar lo bueno.

39. GESTIONA LAS EXPECTATIVAS

Existen tres tipos de expectativas y tres formas de gestionarlas. Entenderlas te permitirá dar un paso al frente más en tu carrera hacia el éxito.

Son: provocar sorpresas positivas, evitar sorpresas negativas, y ser consciente de los peligros de aquello a lo que acostumbras.

Promete menos de lo merecido y da más de lo esperado.

En los negocios, con tus empleados, con tu jefe, con tus hijos, con tus padres, con tus profesores, con tus alumnos... consigue que esperen poco de ti, *y entonces...* podrás darles la mejor de las sorpresas: superar sus expectativas y ofrecerles más de lo que se esperaban. Toda la clave reside en tener poca prisa por prometer y mucha por cumplir.

Cuando tu jefe te pida un trabajo, no digas «lo tendrás mañana». Di «lo tendrás en unos días» y luego trabaja como si lo necesitase para ayer. Si no consigues terminarlo para mañana, estarás cubierto, y si lo haces, se llevará una grata sorpresa, porque *no se lo esperaba.*

Cada vez que no te comprometes a un plazo, una acción, un regalo, un precio, o un trabajo concretos, estás guardándote la posibilidad de sorprender. Cada vez que lo haces, has creado la expectativa, y ya no podrás ganar (sorprender), sino solo empatar (cumplir lo que se esperaba de antemano, sin posibilidad de sorprender).

Este Peldaño contribuye al éxito porque te permite gestionar lo que otros esperan de ti y a ser percibido como una persona que cumple por encima de lo que otros esperan, en parte porque haces mucho y en parte porque prometes poco. Gestionar adecuadamente las expectativas pasa por entender la interacción entre ambos elementos y aprovechar su efecto.

En eso consiste el primer componente de los tres que comprenden el grupo de la gestión de expectativas. Veamos el segundo.

Los miedos mayores no proceden de aquello que se teme, sino de todo el desconocimiento que se genera en torno a ello.

Todos conocemos a mucha gente que tiene miedo a volar. En el momento en que empieza a agitarse el avión por la menor de las turbulencias, esas personas sufren un pánico tremendamente desagradable. Ese trago tan repulsivo para esos pasajeros podría ser evitado gestionando su desconocimiento. El daño mayor de las turbulencias procede del primer momento en que surgen, el momento de la sorpresa negativa, y la forma de mitigar el problema pasa por minimizar ese impacto inicial.

Para ello es necesario que el pasajero pueda anticiparse a ese momento, ser consciente de que está a punto de llegar, y tener toda la información posible sobre él. La diferencia entre no anticiparte a algo negativo y hacerlo es la diferencia entre atemorizarte o no. Bastaría con que el comandante o la sobrecargo no solo anunciaran las turbulencias (esto ya lo suelen hacer, aunque más para pedir que se abrochen los cinturones que como efecto tranquilizador), sino que explicaran que son algo normal sobre lo que la tripulación tiene control y que durarán ocho minutos (o los minutos que sean), volviendo a recordar lo mismo en mitad de la turbulencia. Por un lado, el mero hecho de decir que es normal, reduce el pánico. Por otro, decir el número de minutos que esperan que dure ayuda a los pasajeros a saber qué esperar, a tener una valiosísima información que te permite sentirte más en control y permitirte contar, si hace falta, el número de minutos hasta el final de tu agonía.

Si además aplican el punto uno a fin de prometer poco y dar mucho (por ejemplo, anunciando ocho minutos de turbulencias cuando sean cinco), entre ambas fórmulas se ahorrarían millones de minutos de angustia.

El problema de las turbulencias es un buen ejemplo del segundo tipo de gestión de expectativas, pero existen otros muchos que también demuestran la importancia de gestionar las sorpresas negativas.

Si estás en una negociación, di el precio aunque eso asuste. Todo lo que vayas diciendo después mejorará el impacto negativo inicial en la mente del cliente. Si eres un médico, avisa de que la inyección causará un dolor intenso pero efímero. El paciente se imaginará algo desagradable pero concreto y tolerable. Si eres profesor y sabes que los alumnos suelen tener miedo a hablar en público, avísales de que uno de los requisitos de la clase es hacer una exposición ante sus compañeros al final del curso, y luego invierte ese miedo demostrándoles que será menos difícil de lo que a priori pudiera parecer.

Busca minimizar la sorpresa negativa permitiendo que se anticipen a ella. La clave es provocar una trayectoria ascendente, y para ello es necesario empezar bajo.

Y por último, la gestión de la expectativa causada por la costumbre.

En un camino de cien kilómetros, lo que des a alguien en el primero, determinará cuánto esperará de ti en los otros noventa y nueve.

El peligro de la regularidad es que una vez se crea una costumbre, esta provoca una expectativa que se asienta en la mente de las personas y contra la que es muy difícil luchar. Si me has dado algo diez veces seguidas, el mensaje que has dado a mi cabeza es que no hay motivo para pensar que la número once va a ser diferente de las anteriores. Has creado un gigante y ahora estás casi obligado a alimentarlo. El peligro no está tanto en alimentar al gigante como en no ser consciente de que has provocado su existencia.

#88peldaños
Da limosna a un pobre una vez y te llamará generoso.
Dásela 100 menos una y te llamará miserable.
@anxo8BELTS

40. RODÉATE DE GENTE QUE YA ESTÁ EN EL DESTINO HACIA EL QUE TÚ REMAS

¿**S**abías que cada persona es un cóctel mezcla de sus cinco amigos más cercanos? A partir de este momento ya no puedes decir que no.

Si tus cinco amigos más cercanos están divorciados, fuman, odian viajar, y han leído tan solo un libro en el último año, lo más probable es que tú también. Si no son malos estudiantes, no comen comida insana, no abusan del alcohol, no son irresponsables y no se conforman con poco, lo más probable es que tú tampoco.

Si existen *aceleradores del éxito* (y sí, existen), nutrirse de la influencia de las personas que ya se encuentran en el destino hacia el que tú remas es uno de ellos. Rodéate de gente exitosa y tus probabilidades de alcanzar el éxito se multiplicarán. Rodéate de gente fracasada y se multiplicarán las de no alcanzarlo. Detente un momento y piensa a quién regalas tu tiempo, ya que tu vida, en unos años, será un calco de la suya.

#88peldaños
Rodéate de gente que ya ha alcanzado el destino hacia el que tú remas.
@anxo8BELTS

41. SÉ INTERESANTE

¿Te parece interesante todo el mundo? ¿Y tú a ellos?

La primera pregunta es retórica. La importante es la segunda. ¿Te has parado a pensarlo?

Me gustaría invitarte a que lo hicieras. A diferencia de lo que muchos piensan, ser interesante no sucede por casualidad. Es una elección.

Haz el siguiente ejercicio conmigo. Piensa en las personas de tu alrededor. Ahora filtra a las no interesantes y concéntrate en las que sí lo son. Ahora identifica los atributos de cada uno de ellos que hacen que tú los situaras en el grupo de los interesantes. Haz una lista con todos esos atributos y asegúrate de que no baje de al menos veinte. ¿Los tienes? ¿Qué tienen en común?

Déjame adivinar. Te voy a dar una definición que aplica a todas ellas: tener algo diferente.

Seguro que estás de acuerdo.

Pues bien, la lección de este Peldaño es que estás a un paso de ser interesante precisamente porque estás a un paso de tener algo diferente. ¿Cómo?

Muy sencillo. Estando dispuesto a hacer algo que la mayoría de la gente de tu entorno no hace.

Tus amigos... ¿hablan chino, ruso, árabe o esperanto? ¿Hacen submarinismo, escalada, parapente o surf? ¿Saben preparar sushi, faláfel, pato laqueado o gulasch? ¿Han estado en la Patagonia, el Gran Cañón, Iguazú o los fiordos noruegos? ¿Saben pintar, tocar un instrumento, hacer capoeira o bailar tango?

Lo más probable es que no. Desde luego no la mayoría. Lo cual quiere decir que cualquier elemento anterior, para ti, tiene un poder diferenciador. La lista es infinita, pero lo bueno es que no necesitas de un alto número de áreas que te diferencien. Basta con una. Puedes elegir cualquiera de la lista anterior o cualquiera de las miles de opciones que no he incluido. Pero elige algo. Si consideras que eres mediocre, del montón o simplemente normal, estás a un paso de dejar de serlo.

#88peldaños
Haz algo diferente y serás visto como alguien interesante.
@anxo8BELTS

42. IGUAL QUE COCINAMOS PARA COMER, NACEMOS PARA APRENDER

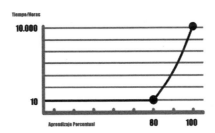

Quizá por el momento de crisis, quizá por la singularidad de nuestra historia, el éxito de 8Belts en España fue muy sonado. El número de entrevistas se multiplicó exponencialmente en muy poco tiempo. Hubo semanas que llegué a tener más de veinte. Periodistas de la talla de Ana Rosa Quintana, Carles Francino o Isabel Gemio se mostraban sorprendidos no solo de que «8Belts tuviera un nivel tan alto de eficacia», sino de que «Anxo pudiera haber aprendido nueve idiomas o a tocar seis instrumentos musicales». Yo, fiel a mi mensaje habitual, incidía en que tanto el éxito como el fracaso en el aprendizaje dependen poco del alumno y mucho del método (dando por hecho que el alumno sí tiene una motivación real), y que el mérito no era tanto mío como de la forma en que yo aprendía. Pero normalmente a ellos mi respuesta no les resultaba del todo convincente y lo que seguía era una pregunta que, aunque ya se convertía en un hábito, a mí me seguía resultando desconcertante: «¿eres superdotado?».

Por un lado la pregunta me hacía sentir halagado, pero por otro tremendamente ruborizado. Es cierto que en Estados

Unidos me habían hecho unas pruebas cuyos resultados no eran precisamente «mediocres», pero he descubierto que hay algo infinitamente más importante que si lo soy o no.

Es: qué me considero.

Y lo que me considero es...

... un humilde aprendiz.

#88peldaños

Igual que si cocinamos es con la finalidad de comer,

si nacemos es con la finalidad de aprender.

@anxo8BELTS

Si la máxima es cierta (y lo es) y realmente hemos venido a este mundo para aprender, entonces eso nos convierte a todos en aprendices, y si es así, estamos de suerte, ya que la curva de aprendizaje está de nuestro lado. Tan sólo ten en cuenta estas palabras:

Ser un experto en algo, requiere 10.000 horas.

Defenderse con soltura, sólo requiere diez.

¿Qué? ¿Estoy a 10 horas de mantener una conversación básica en un idioma, tener unas nociones de kárate o tocar un par de canciones en el piano?

Sí. De hecho, de esas diez, la mayor parte de los progresos suceden en la primera. ¿Por qué?

Porque **la curva de aprendizaje está a favor del novato y en contra del experto.**

Pasar del cero al 80 por ciento en el dominio de una destreza, bien enseñada, puede llevar poquísimo tiempo. Pasar del 80 al 100 por ciento y ser experto lleva toda una vida.

Reflexiona sobre este Peldaño. El día que fermente en tu mente no quedará espacio en tu currículum para tus nuevas habilidades. ;-)

43. LA INTENSIDAD ESTIRA EL TIEMPO

**La variedad, los cambios y las experiencias hacen que el tiempo cobre vida. La monotonía apaga
la vida y acorta el tiempo.**

Cuando era niño tenía la sensación de que mi vida, al igual que la de todos mis compañeros de mi edad, se transformaba a gran velocidad, y me chocaba ver que la de muchos adultos de Finisterre y otros pueblos cercanos al mío apenas avanzaba. Obviamente el tiempo pasaba para ellos a la misma velocidad que para mí, pero mientras mi vida cambiaba drásticamente de un año a otro, la de ellos se mantenía en la mayor de las quietudes, inalterada durante años, tal vez décadas. Era una vida de reloj suizo, en la que cada tic y cada tac estaban marcados con total predictibilidad. No hacía falta tomar decisiones porque cada una seguía el patrón del día anterior. Fue entonces cuando me di cuenta de que si lo que vives en un año lo repites durante diez años más, te sobraban los últimos nueve.

#88peldaños
Vivir diez años iguales equivale a vivir uno y quemar nueve.
@anxo8BELTS

La monotonía va pintando el cuadro de nuestras vidas cada vez más en blanco y negro. Es la variedad, la novedad, el salirse de la rutina la que lo inunda de colores intensos.

Vive intensamente.
Una vida intensa vale por dos.

---

44. ILUSIÓN + ARTE = ILUSIONARTE

Si tener ilusión es un arte, entonces puedo afirmar que conozco a muchos artistas. Son personas que no sólo viven intensamente, sino que contemplan cada segundo como un delicioso postre dispuesto a ser saboreado. Viven con tanta ilusión que hacen de la vida un arte. Si les preguntas, te dirían que

---

La única verdadera profesión en la vida es la de degustador: degustador de instantes.

Es gente que, tenga lo que tenga en su plato, puedes estar seguro de que se ilusionará por ello. No es de sorprender que scan ellos y no otros, los que formen el grupo de las personas más felices, ya que la felicidad se nutre de la ilusión.

Si hay un mensaje que me gustaría transmitirte con este Peldaño es que si las actividades de tu día pueden dividirse en unos nueve o diez bloques, puedes convertir cada uno de ellos en mini-tanques abastecedores de felicidad.

¿Cómo?

Ilusionándote por cada uno de ellos. ¿Tienes una comida con un amigo? Ilusiónate por todo aquello que se van a contar. ¿Tienes una charla a la que vas a asistir? Ilusiónate por todo aquello que vas a aprender. ¿Tienes un partido que vas a jugar? Ilusiónate por cuánto lo vas a disfrutar. Incluso si tienes una clase a la que no te apetece ir o un trabajo que no deseas realizar, piensa que *siempre* hay algo positivo que extraer. Identifícalo e ilusiónate por ello. Ilusiónate por todo, por la película que verás esta noche, por la llamada que harás mañana por la mañana, por la planta que vas a comprar a tu madre, por los deberes que harás con tu hija, por los treinta minutos que pasarás en el gimnasio, y por la bebida que te tomarás al salir.

La clave es ilusión+arte.

#88peldaños
Fomenta la ilusión. Es el motor de la vida y el alimento del alma.
@anxo8BELTS

45. SABOREA MÁS...

...Y TRAGA MENOS.
Si el mundo es una casa, nosotros no somos sus dueños, sino sus inquilinos. El número de días que vamos a disfrutar de ella puede ser un poco más alto o un poco más bajo, pero ese número existe porque no es ilimitado. Nacemos, se dispara el contador de días y el día de nuestro último suspiro se detiene en ese número con el que la vida nos empareja a cada uno. Si al final de nuestra vida pudiéramos hacer un balance de todos nuestros días y clasificarlos en el grupo de los que han valido la pena y los que no, sólo aquellos días que hemos conseguido saborear podrían formar parte del primer grupo.

La muerte es una palabra fea, pero no enemiga. Es nuestra amiga porque nos da todos los motivos no para desaprovechar nuestros días, sino para saborearlos, ya que nos recuerda que su disfrute es temporal, no permanente. Este Peldaño habrá valido la pena si gracias a él tu mente consigue hacer un pequeño cambio. Es un mínimo ajuste, pero que dará un vuelco a tu capacidad de disfrute: conseguir acelerar menos para saborear más.

No tengas prisa por acelerar el placer, y préstale atención a fin de alargarlo. Si te sirviesen el mejor plato del mundo y lo comieses mientras te contaban un chiste, te perderías su sabor, ya que el disfrute requiere atención. Sé consciente de esto, y dale la atención que se merece. Si lo que más cuenta al final de tus días es cuántos de ellos han valido la pena, esfuérzate por aumentar deliberadamente el número de los que la han valido.

Toma tres helados de golpe y tendrás un dolor. Toma uno cada día y tendrás tres placeres.

Si comprases una entrada para hacer un *tour* de un bello, colorido y mágico parque a la salida del cual te esperase un abominable precipicio, ¿tendrías prisa por atravesarlo? Eso es la vida. Disfrútala.

#88peldaños
Si a tu destino vas en barco, no te pierdas el mar.
@anxo8BELTS

46. INVIERTE EN CONOCIMIENTO

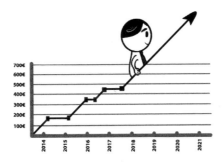

De los diecisiete a los veinte años pasé de ser repartidor de pizzas a ser intérprete para el FBI, tras trabajar para la policía local y el Tribunal Supremo de Virginia, en Estados Unidos. Pasé a tener la responsabilidad de traducir en detenciones, interrogatorios, e importantes casos judiciales, y esa responsabilidad hizo que mi salario se multiplicase por diez. Por aquel entonces Florín, un amigo mío de Moldavia compañero de la facultad, solía pasarse horas en mi casa, donde le gustaba improvisar con mi piano y otros instrumentos musicales que plagaban mi apartamento. Una tarde, por descuido, se encontró un cheque mío sobre la mesilla de noche y sus ojos no pudieron evitar fijarse en la cuantía. Desde aquel día no dejaba de martirizarme, yo creo que inconsciente de su martirio, con una incesante frase:

—*No entiendo por qué no te desprendes de una vez de esa estúpida bicicleta y te compras un Mercedes. ¡Te lo puedes permitir!*

No sé cuántas veces escuché esa frase, pero sí sé que fue el mismo número de veces que él escuchó mi incesante réplica:

—*Florín, si me compro el Mercedes, seré esclavo del Mercedes. Si no lo hago, podré seguir invirtiendo en conocimiento.*

Me hubiera encantado seguir en contacto con Florín porque la verdad es que me reía mucho con él y siempre le tuve un especial cariño, pero lamentablemente le perdí la pista. Fue una pena porque me hubiera gustado demostrarle, con total inocencia y sin acritud, que mi decisión no fue desacertada. De no haber ahorrado, nunca hubiera podido costearme mis estudios, y te aseguro que ni los que realicé en Estados Unidos ni en Bélgica ni en China podían ser considerados *low-cost*, o siquiera de coste medio.

Una de las pocas inversiones que salen rentables siempre es en conocimiento. *Siempre* es un acierto invertir en adquirirlo, tanto si hablamos de invertir con dinero como si hablamos de hacerlo con esfuerzo.

La educación nunca es un desperdicio. Si no sirve como medio, siempre servirá como fin.

No aprendas cosas sólo por el partido que le irás a sacar, sino porque vale la pena saberlas. Cree en el conocimiento. Hay muchas cosas que podrías no hacer en tu vida y tu vida seguiría teniendo sentido, pero aprender no es una de ellas. Si al nacer te dijeran que no vas a aprender una sola cosa, entonces tendría el mismo sentido no haber nacido.

Si tienes un momento muerto, aprende algo nuevo y habrá cobrado vida.

A pesar de haber invertido tantos años en instituciones educativas de tres continentes, yo soy de los que opinan que el conocimiento puede obtenerse de muchas maneras y no sólo del entorno académico, cuya enseñanza, aunque muy mejorable, es un camino viable mientras no aparezca otro mejor. Cuántos emprendedores y empresarios sin titulaciones dan trabajo a gente que sí las tiene. Pero incluso ellos, si han tenido éxito, han tenido que pagar con su dinero y esfuerzo por adquirir los conocimientos que de una forma u otra les hicieron llegar hasta allí.

Tenía un amigo que solía decir: «Gana un millón de dólares no para tener un millón de dólares, sino por todo lo que aprenderás mientras lo consigues».

#88peldaños
El conocimiento no hace que tu vida sea más larga,
pero sí más ancha.
@anxo8BELTS

47. EL PRINCIPIO DE LOS 45º

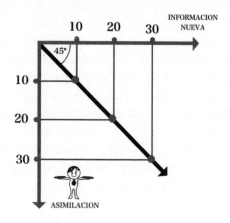

Todo el mundo sabe que sólo debes añadir calorías nuevas si has quemado las anteriores y que si añades y no quemas... engordas. Con la información sucede exactamente lo mismo. Si añades información nueva sin antes asimilar la anterior, se te hace una bola en la mente y en lugar de aprender, desaprendes. Igual que cuando se trata del estómago...

le damos comida / la digerimos / y (sólo entonces) le añadimos más comida,

cuando se trata del cerebro deberíamos...

darle información / asimilarla / y (sólo entonces) añadir más información.

Pero por un extraño motivo, con el cerebro nos saltamos el segundo paso. Una y otra vez le inyectamos información nueva sin haber retenido la vieja.

#88peldaños
Si al estómago no le damos más de lo que puede digerir,
¿por qué al cerebro le damos más de lo que puede asimilar?
@anxo8BELTS

Si el conocimiento es uno de los responsables del éxito, el Principio de los 45º es el principal modo de adquirirlo. En esto consiste.

Tomemos un cuadrante como el de la imagen de arriba. Hacia la derecha proyectamos el grado de avance. Representa la información nueva, la adquisición de información. Hacia abajo proyectamos el grado de asimilación. Representa la información antigua; la consolidación/repaso de la información. El Principio de los 45º consiste en igualar el punto de avance con el punto de asimilación. ¿Deseas avanzar hacia la derecha hasta el punto 10? Perfecto, pero primero consolida hacia abajo hasta el punto 10. ¿Deseas alcanzar el 20 (derecha)? Perfecto. Consolida hasta el 20 (abajo). El 30 horizontal con el 30 vertical, y así sucesivamente. Es una cuestión de equilibrio.

El estómago cuenta con un mecanismo doble que se encarga de indicarte cuándo avanzar y cuándo consolidar. Son el hambre y la saciedad. El hambre te dice «come», y la saciedad te dice frena y «digiere». Son el acelerador y el freno que hacen que no te detengas pero que tampoco te estrelles. Como el cerebro no está provisto de un mecanismo así, de ahí que sea necesario que nos apoyemos en el Principio de los 45º, el cual se denomina así porque tras unir cada punto de la derecha con su correspondiente de abajo (el 10 con el 10, el 20 con el 20, etc.) se forma una línea recta que siempre se inclina 45º, o sea, el equilibrio perfecto.

Éste es uno de los principales principios sobre los que se construyó la metodología 8Belts. Durante años pulimos (y seguimos puliendo) los algoritmos que hoy componen la herramienta para hallar ese equilibrio perfecto que se alejara tanto de la escasez de información como de la saturación, a fin de evitar que nuestros alumnos se aburriesen en un caso y se empachasen en el otro.

Aplica este principio en toda adquisición de conocimiento. Siempre que quieras aprender algo, hazte esta pregunta:

¿Debería estar avanzando (añadiendo información nueva) o consolidando (prestando atención a la vieja)?

Si no has asimilado la información anterior, si no le has dado vida poniéndola en práctica, es inútil seguir añadiendo. Saturarás el cerebro y retrocederás en lugar de avanzar. El secreto está en no pasarse ni por un extremo ni por el otro y hallar el equilibrio perfecto.

El sistema tradicional de enseñanza dedica el 90 por ciento del tiempo a avanzar y el 10 por ciento a repasar.

8Belts aboga por un sistema que también usa el 90 y el 10, pero en el orden inverso.

Persigue lo segundo.

48. NO ME PREOCUPA CUÁNTA INFORMACIÓN ENTRA EN TU CEREBRO...

SINO CUÁNTA DE LA QUE ENTRA SE QUEDA DENTRO. ...**S** Ésta es una de las tres o cuatro claves principales que explican que 8Belts haya pasado de uno a cuarenta empleados en sus primeros tres años de vida y que su crecimiento en ese tiempo hubiese sido de más de un 2000 por ciento. Nosotros lo llamamos el Saco Elástico: la información que entra, ya no sale.

El sistema tradicional está diseñado no para recordar la información, sino para olvidarla. La mayor parte de lo que aprendemos en la universidad, desaparece, y nadie se queja. A mí me obsesionaba la creación de un software inteligente que impidiera la fuga de la información que el alumno aprende, y no nos detuvimos hasta conseguirlo. La clave está no en cuánto aprendes, sino en cuánto retienes. Entender su importancia me ha ayudado en mi carrera hacia el éxito y si lo interiorizas, te ayudará a ti en la tuya.

Andrés Yoañado y Rebeca Yorretengo jugaban alegremente en la playa como cualquier niño de su edad. Ambos decidieron construir una piscina en la arena. *Andrés, al ver que la arena chupaba todo el agua que añadía para crear su piscina, aumentó el número de cubos llenos de agua que acarreaba desde el mar para seguir añadiendo. Cuanta más agua la arena absorbía, más agua echaba Andrés. Cuando su agotamiento le resultó irresistible, se dio por vencido y abandonó su cometido.*

Rebeca, en cambio, no se preocupó de cuánta agua echar, sino de cuánta agua retener. Justo antes de empezar a echar agua sobre el agujero para su piscina en la arena, lo cubrió con un plástico. Transportó tan solo unos cuantos cubos y en cuestión de minutos se bañaba feliz en su piscina. Con muchísima menos agua construyó una piscina mucho más grande.

#88peldaños
La clave del aprendizaje no es cuánta información entra,
sino cuánta de la que entra se queda dentro.
@anxo8BELTS

49. NO DES LAS RESPUESTAS. PROVÓCALAS

¿Conoces a alguien que haya aprendido a nadar escuchando a un profesor?

Yo tampoco.

A nadar se aprende nadando. Y no tras varios años de explicaciones teóricas, sino saltando a la piscina desde el día uno.

¿Si nadie espera aprender a nadar estando sentado en un aula durante doce años, por qué esperamos que esa fórmula sí funcione para otras materias igual de prácticas? ¿Te imaginas clases teóricas de conducción sin conducir, de cocina sin cocinar, o de lectura rápida sin leer? Pues sorprendentemente eso es lo que hacemos la mayoría de las personas cuando nos comunicamos y la mayoría de los sistemas de enseñanza tradicionales cuando enseñan: esconder la parte práctica.

Esto no se aplica sólo a los mensajes de un instructor a la hora de enseñar, sino a cualquier forma de comunicación. Una de las claves del éxito es saber impactar, tener la capacidad de llegar a la mente de otras personas y aplicar la teoría para producir resultados. La buena aplicación de este Peldaño da ese poder. Si tienes un equipo de personas con los que trabajas, empleados, hijos, alumnos o simplemente compañeros, todo lo que quieras enseñarles, explicarles o comunicarles tiene que llevar un puente, al que yo denomino el Puente de Ida y Vuelta. Es un puente que conecta el cielo con la tierra, las ideas con la realidad, la parte teórica con la parte práctica. Es de ida y vuelta porque primero te lleva a la parte práctica para dar sentido a la teoría y luego de vuelta a la teoría para ser comprendida usando la información de la parte práctica. El Puente de Ida y Vuelta da vida a la información y es el responsable del aprendizaje, la asimilación y la buena comunicación.

¿Cómo se hace esto? La clave está en...

provocar las respuestas.

> #88peldaños
> A diferencia de lo que se cree,
> el alumno NO debe ser escultura, sino escultor.
> @anxo8BELTS

Aquí la palabra «alumno» la uso en su sentido más amplio. Puede ser aquella persona sobre la que quieres tener un impacto, a la que le quieres transmitir un mensaje, o a la que quieres enseñar o comunicar algo.

El error más cometido en la enseñanza en concreto y en la comunicación en general es dar las respuestas en lugar de provocarlas. La mejor manera de llegar a la parte práctica de algo para dar con ello sentido a la teoría es **provocar respuestas y aprender haciendo**. Veamos un ejemplo de un padre con su hija.

—*Papá, ¿a qué se dedica ese señor?*
—*Es policía.*
—*¿Y ése?*
—*Bombero*
—*¿Y ése?...*

El padre le ha dado las respuestas y la niña sigue preguntando porque para ella ésa es la única forma de seguir siendo *escultor*. A ella no le interesan las preguntas, sino preguntar. No le interesan las respuestas, sino responder. Como el resto de niños, ella es aprendiz y sabe que sólo se aprende cuando se es protagonista. De ahí que el sistema tradicional de enseñanza en el que el profesor es el centro se esté quedando cada vez más obsoleto. (Debería hacernos reflexionar el hecho de que, en las clases de idiomas, el que más lo habla sea el que menos lo necesita: el profesor.) La enseñanza del futuro será un sistema en el que el protagonista es el alumno, no el profesor. Las enseñanzas o mensajes del padre tendrían un impacto mucho mayor en la mente de su hija si lo hiciera de esta otra manera:

—*Lleva pistola y va en un coche con sirena. ¿Qué crees que es?*
—*Hmmm... ¿Policía?*
—*¡Correcto! Y este otro va en un camión rojo y usa varias mangueras muy grandes.*
—*Hmmm... ¿Bombero?*
—*¡Sí! Lo has acertado.*

El aprendizaje es como el polluelo que hay en un huevo. Mientras le cuentas algo a alguien no está aprendiendo, sino incubando. Todavía no hay pollito. Cuando tú le das la vuelta a la pregunta para que el que dé la respuesta sea él, o a la parte teórica convirtiéndola en práctica es cuando el huevo eclosiona y el polluelo emerge. Es ahí, y no antes, cuando empieza a tener lugar el aprendizaje. El momento «hmmm» es cuando el oyente hace el esfuerzo que rompe la cáscara y produce la comprensión, y ese momento se pierde cuando se da la respuesta en lugar de provocarla.

El éxito pasa por saber impactar, educar, transmitir, comunicar. Ésta es justo la lección que te regala este Peldaño.

Cuando eduques a tu hijo, te comuniques con tu equipo, instruyas a tus alumnos, o simplemente des instrucciones a cualquier interlocutor, haz uso del puente. Pide que den vida a la teoría, bien poniéndola en práctica, bien aprendiendo haciendo, bien parafraseando con sus palabras el mensaje que tú has dado. Algo tan sencillo como decir «cuéntame con tus propias palabras lo que te he contado» es un Puente de Ida y Vuelta que conecta la teoría con la práctica y cierra el círculo al permitir que la teoría sea comprendida.

El Puente de Ida y Vuelta nos hace dar el salto de lo pasivo a lo activo y de vuelta a reactivar lo pasivo. El aprendizaje no existe mientras escuchan tu explicación, sino cuando la ponen en práctica.

No des información para ser almacenada, sino para ser empleada.

Si quieres aumentar tu impacto y que tus mensajes calen, no des las respuestas. Provócalas.

50. LA TEORÍA DEL DESCARTE

#88peldaños
Si quieres encontrar una aguja en un pajar,
no busques la aguja. Retira la paja.
@anxo8BELTS

(**Y** brillará sola.)

Si se aplicase esto en todas las áreas, se trabajaría menos y mejor, se producirían mayores resultados, se aprendería más, seríamos mejores comunicadores y aumentaría significativamente la eficiencia. En resumen, haríamos que el camino que nos separa de nuestros objetivos fuera más corto.

Este Peldaño tiene el poder de revolucionar tu eficiencia. Tan sólo tienes que interiorizar y sellar dentro de tu mente las siguientes palabras:

Dedica más tiempo a qué descartar

Cuando tengas veinte tareas en tu lista de trabajo, decide cuáles no hacer. Cuando te pongas a redactar tu currículum, decide qué no incluir. Cuando tengas diez reuniones que mantener, decide a cuáles no asistir. Cuando tengas que preparar un examen, decide qué no estudiar. Cuando tengas que comunicar un mensaje, piensa en qué no contar. Cuando te estés planteando varios cursillos, elige a cuáles no ir. Y cuando hayas elegido uno de entre los restantes, decide qué no aprender.

Todo el mundo piensa que descartar trabajo significa no trabajar, descartar estudio significa no estudiar, y descartar aprendizaje significa no aprender. Yo voy a demostrarte que significa justo lo contrario. Quédate con esta palabra: *dilución*.

Todo en la vida puede dividirse en dos grupos, lo útil y lo inútil, lo rentable y lo no rentable, lo que es esencial y lo que no lo es, lo que deberías estar haciendo ahora y lo que no. Y cada vez que tomas del grupo útil *y también* del grupo no útil, pasa algo terrible: lo segundo *diluye* lo primero. La *dilución* es el motivo por el que trabajar más no se traduce en más trabajo y estudiar más no se traduce en más estudio. Cada vez que haces una tarea que deberías hacer y otra que no deberías estar haciendo, la mala diluye a la buena, y cada vez que aprendes unas cosas útiles y otras no útiles lo segundo hará que no recuerdes lo que deberías recordar. Diluir significa robar protagonismo. Cuando das protagonismo a aquello que no se lo merece, automáticamente se lo estás robando a aquello que sí se lo merece. Si quiero contarte varias cosas importantes, tengo que hacer dos cosas: contarte las importantes *y además* no contarte las que no lo sean, ya que hacerlo supone elevar las segundas al nivel de las primeras, y eso diluirá lo importante en un mar de éter que en lugar de seleccionar lo esencial, lo mezcla todo en el mismo saco. Ése es el peligro de la dilución.

De entre todos los 88 Peldaños del libro, tan sólo hay unos pocos que explican y ejemplifican de manera especial por qué

8Belts ha tenido el éxito que ha tenido. En un Peldaño anterior mencioné que ese conjunto se compone tan solo de unos tres o cuatro. Este es uno de ellos. En los inicios, cuando decidimos que si un alumno de 8Belts.com no conseguía hablar chino en ocho meses pudiera recuperar su dinero, las voces de mi entorno no cesaban de augurarme que nos íbamos a arruinar, pero no fue así. Incluso los medios de comunicación se sorprendían mucho ante una promesa así y, sin embargo, lejos de ser agresiva estaba siendo conservadora. No sólo se podía conseguir hablar el idioma en ocho meses con media hora al día de estudio, sino que dedicándole una hora, se podía conseguir incluso en cuatro. (¡Prometíamos menos de lo que dábamos para evitar no ser creídos!) Por si fuera poco, antes de dos semanas ya se podía mantener la primera conversación en chino con un nativo. ¿Qué? ¿Dos semanas? ¿Os habéis vuelto locos? La gente tarda años y no lo consigue. ¿Cómo es posible?

Por la teoría del descarte. Algo así solo es posible siendo despiadadamente selectivo en la información que se enseña.

En 8Belts.com hemos dedicado más tiempo a qué no enseñar que a qué enseñar.

Si vamos a prometer a alguien que con sólo catorce sesiones de treinta minutos va a poder mantener una conversación en chino, por básica sea, ten por seguro que el material a enseñar tiene que ser seleccionado con el grado más estricto de rigurosidad, a fin de que de cada minuto de estudio el alumno pueda sacar un grado altísimo de rentabilidad, de hecho, el máximo posible. De no hacerse así, el experimento será un auténtico fiasco. En el sistema tradicional aprendes 100 cosas y usas 10. En 8Belts aprendes 50, pero usas 50, porque solo vas a aprender lo útil. El resto ha sido descartado.

¿Significa eso que nunca vas a aprender el resto? No. Claro que lo aprenderás, pero la clave es el momento. Es como una lista de espera del médico. No sería justo atender al noveno antes que al tercero o al cuarto. Hay que atender a cada uno cuando le toque. Y si solo tienes espacio para cinco, el resto tendrá que volver otro día y ser descartados de la agenda de hoy.

Un día se encontraban tres alumnos en clase de historia con el Profesor Subraya. El primero se llamaba Yotodo, el segundo Yonada, y el tercero Yolobueno. Los tres llevaban un año escuchando los comentarios del Profesor Subraya, y mientras él hablaba, Yotodo había seguido la lección en el libro de texto y había subrayado todo lo que en él había escrito. Yonada y Yolobueno también habían escuchado las lecciones, pero Yonada no subrayaba nada de lo que había contenido en el libro. El último día del curso académico, Yotodo estaba muy frustrado. Había trabajado todo un año subrayando un libro y se acababa de dar cuenta de un hecho atroz. Se encontraba en el mismo punto que Yonada. Uno tenía todo su libro completamente subrayado y el otro completamente sin subrayar, pero el efecto era exactamente el mismo. Subrayar todo es lo mismo que no subrayar nada. En cambio, Yolobueno había seguido atentamente las enfatizaciones del profesor y había subrayado tan sólo lo bueno, lo importante. No era posible recordar el libro entero, pero sí lo más importante, y él lo había identificado. Había hecho dos cosas: había decidido qué subrayar y además había decidido qué no subrayar. Todo el mundo entiende la primera parte, pero muy pocos la segunda. Ahí está la clave. Teoría del descarte.

Lo que hizo Yolobueno es lo que siempre está obligado a hacer un buen inversor en bolsa. De nada sirve invertir en acciones que te hacen ganar un millón de euros si también inviertes en acciones que te hacen perder otro millón. La clave está en invertir en lo bueno *y además* no invertir en lo malo.

Si la teoría del descarte fuese entendida y aplicada adecuadamente, cualquier persona podría aprender cualquier idioma en menos de ocho meses. El problema está en que una parte inmensa de la información que se enseña no debería ser enseñada, sino descartada.

Cuando aprendas un nuevo idioma, el profesor querrá enseñarte al inicio palabras como «mesa» o «silla», a veces hasta «pared» o «suelo» y los más descabellados incluso «bombilla» o «fusible». Lo primero es un error, lo segundo una aberración y lo tercero poco menos que una perversión. Los no entendidos siempre cometen el mismo error y siempre liderados por la misma frase-trampa: «yo aprendo todo, porque cuanto más sepa, mejor». Craso error. Eso es justo lo que no hay que hacer. Cada vez que aprendes algo no útil, le estás sacando protagonismo a algo útil y lo estás diluyendo. No lo hagas. Aprende lo útil *y además* ten la disciplina de *no aprender* lo no útil. La clave está en descartar.

No busques la aguja. Retira la paja.

---

51. LA FRUSTRACIÓN...
¿TE IMPULSA O TE ABATE?

Estás en el mar y viene una gran ola.

Pregunta: ¿la ola es buena o mala?

Respuesta: depende de dónde te encuentres con respecto a ella. Si consigues estar encima de ella, será la fuerza que te impulse. Y si es ella la que está encima de ti, será la fuerza que te aplaste. La fuerza es la misma. La clave está en cómo la usas.

Lo mismo sucede con la frustración.

Puedes dejar que te tumbe y entonces te alejará del éxito, o puedes usarla para superarte y entonces te empujará hacia él.

La insatisfacción con la que unos justifican su abatimiento es la misma con la que otros justifican su superación.

Mente del fracasado: estoy insatisfecho y eso me *IMPIDE* ponerme en marcha.

Mente del triunfador: estoy insatisfecho y eso me *FUERZA* a ponerme en marcha.

Misma insatisfacción. Diferente resultado.

Que la frustración sea la semilla de tu éxito o de tu fracaso depende exclusivamente de ti y de cómo la emplees. Eres libre de tomarla como la fuerza que justifica tu fracaso, pero también como el impulso que justifica tu éxito.

#88peldaños
No permitas que un borrón en una hoja te haga tirar todo el cuaderno.
@anxo8BELTS

52. TODOS LOS PROBLEMAS ESTÁN A UNAS HORAS DE SU SOLUCIÓN

Estoy seguro de que un titular así genera cierto escepticismo. Mucha gente pensará que muchos problemas no pueden ser resueltos en horas, sino días, y algunos hasta semanas. Pero para los escépticos, incluso los que más legitimado puedan tener su escepticismo, tengo buenas noticias. Lo importante no es que el problema se resuelva en horas, días o semanas, sino que pueda ser resuelto, que la solución está ahí, y que lo único que te separa de ella es un camino que casi puede ser medido. En otras palabras, es algo finito, no infinito. Y eso lo cambia todo.

La solución a todos los problemas está a unas horas de distancia

---

Mi madre, cuando considera que ha cometido algún error como madre, suele decirnos a mí y a mis dos hermanas «no sean duros conmigo, no he nacido aprendida y, después de todo, esta es la primera vida en la que soy madre». No le falta razón. Ésta también es la primera vida en la que yo soy emprendedor y más allá de cometer errores (yo he cometido muchos más como emprendedor que mi madre como madre), me he encontrado por el camino innumerables encrucijadas de las que no tenía ni la menor idea de cómo salir. Antes de haber entendido la importancia de este Peldaño no contemplaba los problemas como pozas, sino como océanos; no como pedruscos, sino como montañas. Y la sensación era de impotencia, de sentirme abrumado por considerar el problema como algo más grande que mi mente. Todos los que han emprendido, y muchos de los que no lo han hecho, conocen esa sensación. Pero el nuevo yo, el que sí entiende la razón de ser de este Peldaño, ya no se afana. Ahora incluso los problemas que sí son océanos los veo como pozas y las montañas como pedruscos. Me crezco ante los problemas porque ahora tengo el sosiego y la paz que da saber que...

la probabilidad de resolver cualquier problema siempre es proporcional al tiempo que le dediques.

Por lo que, ante cualquier gran obstáculo, lo primero que hago es lo mismo que haría cualquier cazador de tesoros al que le dicen que ahí hay uno: armarme de paciencia y excavar, sabiendo que el tesoro está a unas horas de distancia y que con cada una que inviertes, te acercas a tu objetivo la misma cantidad. Si el tesoro está a diez horas, invertir una significa estar a nueve. Lo que importa no es si está a diez o a veinte.

Lo que importa es saber que estás una hora más lejos del punto de salida, y lo que es más importante, una hora más cerca del punto de llegada.

Imagínate un hilo largo y fino que esté completamente enredado, como cuando el cable de los auriculares se hace una gran bola enmarañada. Todos sabemos que puede que tardemos más o menos en desenredarlo, pero nadie cuestionamos que lo podemos conseguir. El conseguirlo o no no depende de que sea posible o no, sino de las horas que estemos dispuestos a invertir en ello.

Al principio del Peldaño decía que ver la solución a un problema como algo finito y no como algo infinito lo cambia todo. Lo imaginado no tiene límites. Lo real puede ser inmenso, pero sí los tiene. Quizá la solución esté lejos, pero la distancia que te separa de ella es finita. Conoces su límite, y eso tiene un efecto tranquilizador, porque sabes que...

#88peldaños
Cada hora que inviertes en resolver un problema
te hace estar una hora más cerca de la solución.
@anxo8BELTS

53. LA BOTELLA

*...**E**spera. Tú no me entiendes. Mi situación es diferente. Yo no tengo la capacidad que tú tienes. Yo no he vivido en varios países. No he recibido la formación de las mejores universidades. El lugar en el que nací es un lugar en el que nada sucede. Mis padres nunca me apoyaron. Ni siquiera tenían mucho dinero. No me dieron cariño. Siempre he estado solo. Yo no nací con ese talento. Mi cociente intelectual no fue lo suficientemente desarrollado. Mi mente no es la tuya...*

#88peldaños
Lo importante no es cúan grande es tu botella,
sino cómo la tienes de llena.
@anxo8BELTS

54. EL ÉXITO ES DEMOCRÁTICO

El éxito es democrático. Esto es así porque no hay nada que te impida elegir libremente. Es tan democrático como llegar desde cualquier parte de España a la capital. Puede que estés al lado de un camino o de una autopista. Es cierto que la distancia no es la misma para todos, ni tampoco la dificultad; pero lo que es democrático es que, sea largo o corto el camino, angosto o amplio, complicado o sencillo, el cien por cien de las personas que recorran la distancia que los separa del destino, lo alcanzarán.

**Unos elegimos el Sí y otros no.
Pero todos tenemos el Sí a nuestro alcance.**

Sí. El éxito es democrático pero también exclusivo. Es democrático porque no discrimina. No tienes vetado el acceso al Sí. Puedes elegirlo una y otra vez. Todos podemos. Pero, sin embargo, es exclusivo porque al cabo del camino, sólo unos pocos eligen casarse con el Sí y aferrarse a él hasta conseguir la meta.

Si hay un momento en la historia en el que más democrático ha sido el éxito, es en el presente. Nunca el éxito había estado tan al alcance de tanta gente. Muchos se empeñan en hablar del presente desde un mar de pesimismo y concluir que cualquier tiempo pasado ha sido mejor. Eduardo Punset tiene toda una tesis para defender lo contrario, con la que yo coincido plenamente: «cualquier tiempo pasado ha sido... peor».

El sector de la sociedad más agorero insiste en exagerar las dificultades de nuestro presente, llegando a defender que el cambio generacional es a peor y que tenemos menos oportunidades que nuestros padres. Hay mil razones que lo desmienten, pero la más importante de todas ellas es el acceso a la información. Si hay una herramienta que ha maximizado la democratización del éxito por encima de todas las demás, ésa es internet. Internet ha universalizado el acceso a la información, y eso es media guerra ganada. No se puede enfatizar lo suficiente la importancia que tiene el acceso a la información, y en la generación anterior a la nuestra, la accesibilidad a la información era una pequeñísima fracción de lo que es hoy. Millones de personas hubieran tenido que trabajar e investigar durante años para proporcionarnos los datos que hoy todos tenemos a un clic de distancia mediante cualquier motor de búsqueda online. El siglo pasado no es mejor, sino peor. Todas las comodidades de las que hoy disfrutamos eran un sueño inalcanzable hace tan sólo unas décadas, y eso incluye también todas las herramientas que podamos necesitar para alcanzar el éxito. Nunca hemos tenido tantas ni tan bien elaboradas. Nunca antes hemos podido acceder a tantas redes sociales tan universales que hacen que casi cualquier persona sea localizable. Nunca antes hemos podido agrupar en un único sitio a todos nuestros amigos aunque estén esparcidos por el mundo. Nunca antes hemos tenido a un solo clic a tantos y tantos expertos en desarrollo personal, psicología, marketing, formación, nutrición, espiritualidad, vida emocional, culturismo. La lista es interminable. Nunca hemos tenido tanto acceso a tanta información. Y la información lo es todo.

Hace años vivían intentando alcanzar mínimos; ahora vivimos buscando máximos porque los mínimos ya están garantizados.

#88peldaños
Nunca en la historia hemos estado tan faltos
de excusas para justificar el fracaso.
@anxo8BELTS

55. LOS CUATRO PILARES DE LA PERSEVERANCIA

El compromiso más importante de tu carrera hacia el éxito es el de que, pase lo que pase, no desistirás. Y una vez has asumido ese compromiso y estás convencido de que es férreo e irrompible, debes tomar la decisión de ir por él y saltar, no con un pie, sino con dos. Con absoluta convicción.

La mejor manera de saber que no hay marcha atrás es verte en el aire, tras haber cortado las ataduras que te retenían en el suelo.

Casarte con tu objetivo es hacer de ese compromiso un fortín que no quiebre ante ninguna de las tormentas que lo azotarán los días en que te consuma la desidia, las dudas, la pereza, la desilusión, la inseguridad y el miedo. Es mucho mejor que tengas presente que esos días llegarán porque anticiparte a su llegada les restará parte de su fuerza. Pero casarte con tu objetivo es tener por bandera la perseverancia a pesar de todos ellos.

Sin embargo, sólo mantendrás la perseverancia si la alimentas. ¿Cómo? Haciendo uso de cuatro impulsores. El porqué, el contacto, la cuantificación y el grupo de apoyo.

Averiguar el sentido que tiene lo que estás emprendiendo es averiguar su **porqué**. Va a ser un camino largo y duro. ¿Realmente vale la pena pasar por todo lo que vas a pasar? Si tu porqué es lo suficientemente grande, sí. Si no lo es, desistirás con el primer bache. Dado que el porqué es lo que da sentido a tu esfuerzo, es esencial que lleves tu mirada deliberadamente hacia él y que lo tengas presente de manera constante. Define tu porqué, escríbelo y léelo, si es posible, a diario. Hacerlo fortalecerá tu perseverancia.

El **contacto** es para el objetivo como el agua para la planta. No tener contacto con tu objetivo es permitir que se marchite. Es necesario que todos los días hagas algo, grande o pequeño, que te mantenga en contacto con tu objetivo y te impulse hacia él. Tener contacto es hablar de él, escribir sobre él, analizarlo, investigar o reflexionar sobre él, leer libros que te documenten sobre él, contarlo y, sobre todo, dar pasos concretos que te acerquen a él.

La **cuantificación**. Divide tu objetivo global en objetivos minúsculos. Cuanto más pequeños, mejor, ya que un alto número de mini objetivos protege tu perseverancia porque produce un alto número de mini celebraciones. Tener mini objetivos te permite medir la ruta hacia tu meta. Cuantificar cada paso da sentido a cada paso, y esto, a su vez, te mantiene activo en la ruta. Acostúmbrate a medir siempre cuánto avanzas y a celebrar cada uno de esos avances.

Una de las principales recomendaciones para salir de una adicción es tener un **grupo de apoyo**. Son aquellas personas a las que les has contado tu objetivo y que, bien directa bien indirectamente, te están apoyando en tu camino hacia él. A veces es más un apoyo moral, otras un apoyo más activo, pero todos debemos de contar con ese grupo y acudir a él siempre que flaqueen nuestras fuerzas. Piensa en al menos cinco personas que deseas convertir en tu grupo de apoyo. Explícales cuál es tu objetivo, cuándo esperas conseguirlo y qué pasos vas a dar diaria o semanalmente para alcanzarlo. Incluso ten una reunión semanal para confirmar tus progresos y reafirmar tu perseverancia. ¿Sabías que aquellos que cuentan sus objetivos a otras personas tienen el doble de probabilidades de materializarlos? Es una cuestión de coherencia. Si has comunicado a alguien que vas a hacer algo, tu cuerpo trabajará para demostrar que lo que dijiste era cierto.

Si tu objetivo es aprender inglés, tal vez desees hacerlo porque no quieres ser el único de tus amigos que no lo hable, porque te hace falta para poder ascender en el trabajo, porque vas a estudiar en un país anglófono, porque necesitas comunicarte con tus colaboradores o clientes, o porque quieres acceder a oportunidades de negocio que ahora mismo tienes vetadas. Cualquiera de esos cinco podría representar el porqué sobre el que te anclarás cuando tus fuerzas flaqueen.

El contacto podría ser cualquier componente que te haga pensar en tu objetivo de defenderte en inglés y te acerque un paso más a él, como por ejemplo buscar en el diccionario una palabra que desconoces, leer en un avión uno de esos artículos que aparecen en nuestro idioma a la izquierda y en inglés a la derecha, prestar atención a una conversación en inglés o participar en ella, o ver una película en versión original en inglés con subtítulos en tu idioma.

Tener en cuenta la cuantificación supone medir y llevar cuenta de tu conocimiento en inglés. Hacer una lista de todas las palabras que sabes con sus traducciones en tu lengua nativa es dar un valor cuantificable a cuánto sabes realmente y, más importante, evitar que mengüe. La cuantificación tiene una magia especial porque crea una identidad entre tú y tu objetivo. Si buscas saber 5.000 palabras y construcciones en inglés, conocer cuántas llevas dará sentido a las siguientes que aprendas y te motivará para seguir *remando*.

Por último, un ejemplo de lo que sería hacer uso del grupo de apoyo puede ser una reunión semanal de intercambio lingüístico que te permita practicar el idioma con gente que te conoce y que te llamará por teléfono para decirte que te echan en falta si te saltas el encuentro dos semanas seguidas. Otro ejemplo de grupo de soporte, más estrictamente hablando, es un conjunto de personas cercanas a las que les cuentas tu objetivo con fechas de consecución y un plan concreto de avance, y de los que esperas que te motiven y te controlen de manera amistosa, asegurándose de que te mantienes fuerte en tus progresos y de que avanzas en tus conocimientos en inglés en modo acorde al plan inicial para alcanzar tu objetivo en la fecha que tú les has comunicado.

#88peldaños
Cuando te invada el miedo sobre el siguiente paso,
no escuches al miedo sin antes dar el paso.
@anxo8BELTS

Para cuando quieras escucharlo, ya habrá desaparecido.

56. EL DILEMA CENTRO-PERIFERIA, O EL 80/20

El 80 por ciento de TODO lo que necesitas está en el 20 por ciento más útil.

A cada persona debería interesarle saber mucho de un área y tan solo un poco de muchas. Hay un solo ámbito donde deberías saber el máximo posible. Es el de tu trabajo, o como mucho aquellos otros por los que tengas un interés especial. Pero en todas las demás áreas, debería *no* interesarte saber el 100 por ciento y ser experto, ya que para ser experto tienes que estar dispuesto a invertir casi toda una vida.

Si consigues renunciar a ser experto en algunas áreas, podrás saber lo importante de muchas.

La clave está en el 20 por ciento más útil de cada área.

Voy a dar por sentado que tú ya te encargas del área en la que necesitas ser experto, dado que te dedicas a ello. Este Peldaño afecta al resto.

Lo más importante que necesitas saber sobre marketing, psicología, nutrición, salud, viajes, fotografía, cocina, cómo bailar swing, tocar un instrumento, manejar un programa informático, o incluso sobre la Segunda Guerra Mundial está a un par de horas de distancia. Si te contaran lo estrictamente útil de cada una de esas áreas aprovechando cada segundo de esas dos horas y excluyendo todo lo que no sea rigurosamente necesario, te sorprendería cuánto llegarías a conocer. Pero hay un motivo por el que la gente no lo consigue, a veces incluso pese a ir a clase durante años. Es lo que yo llamo el «dilema centro-periferia».

El centro es la parte pequeña pero representa la parte más útil. A pesar de que solo comprende el 20 por ciento de la materia, representa el 80 por ciento de lo que necesitas saber. La periferia es la parte grande pero supone la parte no útil. La paradoja está en que representa el 80 por ciento de lo que NO necesitas saber.

El tesoro de cada área de nuestras vidas está en el 20 por ciento más útil. No reside en la periferia, sino exclusivamente en el núcleo.

El núcleo es sencillo, generalista, directo y, por encima de todo, principal.

La periferia se preocupa por el detalle, es esotérica, indirecta y, por encima de todo, secundaria.

Ahora te lanzo dos preguntas: entre el núcleo y la periferia, ¿de qué crees que va a preferir hablar un profesor a sus alumnos cuando hace años que el núcleo es algo que él ya tenía dominado? Pregunta número dos: ¿Por qué crees que muchos aprendices, incluso tras años de clases, se encuentran igual de perdidos que el primer día? La respuesta a ambas preguntas es la misma: por un monopolio de la periferia. Los expertos siempre prefieren hablar más de las excepciones que de las reglas porque para ellos las reglas son algo aburrido, de poco valor, demasiado obvias. Pero para ti es justo lo contrario: lo esencial, lo importante, lo que va a hacerte pasar de ser un ignorante en la materia a situarte un paso por debajo de un experto. Invierte dos horas en conocer la parte estrictamente más útil de veinte campos, y en tan sólo cuarenta horas tu conocimiento se habrá disparado exponencialmente.

Este Peldaño es uno de los más importantes de los 88. Bien aplicado tiene el poder de revolucionar tu vida. Es por ello que quiero dedicarle el espacio que se merece. Te lo voy a ejemplificar con tres relatos. Los dos primeros son dos símiles y el tercero es una fábula.

Si tú eres un aficionado del fútbol, te habrá llevado años conocer los nombres de cientos de jugadores, las victorias de los equipos más exitosos, los momentos más históricos y cada uno de los términos y conceptos que te permiten entender por qué una buena jugada y un buen gol son una buena jugada y un buen gol. Pero explicar cómo funciona un partido de fútbol, de cuántos jugadores se compone cada equipo, qué es un defensa, centrocampista y delantero, y que el objetivo es marcar más goles que tu oponente no te llevaría más de una hora. Lo mismo sucedería si tú acudieses por primera vez a un partido de béisbol en Estados Unidos. Estarías a muchos años de ser un experto, pero bien explicado, estarías a tan sólo una hora de disfrutar el partido y entender qué sucede.

El segundo también es muy visual. Uno de los muchos motivos por los que la gente no consigue aprender idiomas es porque aprende campos enteros de palabras: todas las frutas, todas las verduras, todos los medios de transporte o todas las partes del cuerpo. Pero la clave está no en aprenderse campos enteros, sino en aprender lo más útil de cada campo. Tomemos la palabra «codo» y la palabra «mano». Ambas son partes del cuerpo humano. Ambas son partes del mismo grupo y, sin embargo, la primera es parte de la periferia porque no es útil. No es frecuente. Para cuando necesites usarla ya la habrás olvidado. La segunda es parte del centro. Es útil, es frecuente y tendremos ocasiones de utilizarla antes de que caiga en el olvido, precisamente por ser parte del centro.

Por último, el más gráfico de los tres relatos. La fábula de los dos artistas.

Había una vez dos artistas. Uno se llamaba Don Éxito y el otro Don Fracaso. Ambos tenían que retratar a un personaje histórico con piezas de un rompecabezas a modo de mural. La imagen del mural era del Mahatma Gandhi rodeado por su familia en un frondoso campo con árboles y con un cielo azul despejado y muy ancho. El objetivo era conseguir que el público que observaba la colocación de las piezas averiguase en el menor tiempo posible de qué trataba el mural. La prueba tenía una limitación: sólo podían añadir una pieza cada día. Don Fracaso empezó de forma lineal por la esquina de arriba de la izquierda. Tras quince años había colocado un altísimo número de piezas, pero todas de color azul, correspondientes al cielo. Tantas piezas y, sin embargo, apenas daban información al público sobre el cuadro. Don Éxito lo hizo de otra manera. En lugar de empezar por una esquina, fue directamente a la parte del cuadro que concentraba la mayor esencia. Comenzó por la nariz del protagonista y fue ampliando mediante una espiral ascendente al resto del rostro. Tras tan sólo quince piezas, todas las personas que observaban reconocieron con total certeza de qué trataba el retrato. En el caso de Don Fracaso, podrían haber pasado años y aunque hubiera miles de piezas en el mural, el público seguiría sin saber que el protagonista de la imagen era Gandhi.

Éste es el motivo por el que cualquier idioma puede aprenderse en menos de ocho meses; porque el 80 por ciento de lo que necesitas está contenido en tan solo el 20 por ciento más útil. Si ese 20 por ciento más relevante se selecciona muy minuciosamente, sí podrás defenderte en el idioma en tan solo ocho meses, no para dar discursos ni para ser experto, pero sí para quedarte muy cerca de serlo y poder hablar con fluidez, soltura y corrección.

Este Peldaño tiene la capacidad de transformarlo todo, incluido una empresa entera o un método de enseñanza. A mí me ha sucedido con ambos. Si el reconocimiento y éxito que hemos recibido hasta la fecha se debe a que los resultados que produce 8Belts no tienen precedente, a su vez esto se debe a la correcta aplicación de este Peldaño (junto con dos o tres más, como ya hemos visto). Trabajamos durante más de cuatro años solo para seleccionar y clasificar ese 20 por ciento de oro. La selección de ese 20 por ciento de la información es algo a lo que el sistema tradicional de enseñanza apenas presta atención y, sin embargo, para nosotros es el núcleo, a lo que estuvimos dispuestos a dedicar, y dedicamos, más de treinta mil horas de trabajo.

El 20 por ciento de un idioma se usa el 80 por ciento del tiempo.

Antes mencioné que, bien aplicado, este Peldaño puede revolucionar tu vida. No estaba exagerando. Este Peldaño no aplica sólo a los idiomas, sino a todo. Entender su importancia es entender que el 20 por ciento de tus clientes suponen el 80 por ciento de tus ventas, que el 20 por ciento de tus amigos ocupan el 80 por ciento de tu vida social, que en el 20 por ciento de tu tiempo aprendiste el 80 por ciento de lo que sabes, que en el 20 por ciento de tus horas más eficientes produces el 80 por ciento de tu trabajo, que el 20 por ciento de lo que comes te da el 80 por ciento de lo que necesitas, que el 20 por ciento de la ropa que compraste es el 80 por ciento de la ropa que te pones, y un larguísimo etcétera. Desde que Vilfredo Pareto descubrió la regla del 80/20, o lo que yo llamo el dilema centro-periferia, millones se han beneficiado de su aplicación.

#88peldaños
Identificar el núcleo de las cosas, su 20 por ciento más útil,
es tener el 80 por ciento de la batalla ganada.
@anxo8BELTS

57. LA MANZANA Y LA PEPITA

En la era antigua los nómadas tenían que desplazarse de un sitio a otro en busca de alimento. Se convirtieron en sedentarios sólo el día en que entendieron que el poder no estaba en la manzana, sino en la semilla, y que ésta, al ser plantada adecuadamente, tenía la capacidad de producir muchas más manzanas. Me imagino a los nómadas recién convertidos en sedentarios no disfrutando de la manzana sin más, sino comiéndola con un propósito en mente: llegar a la pepita. Ésa es la mentalidad que debemos tener en la vida: no dejarnos seducir por el placer del envoltorio olvidando el regalo.

Cuando quedes a tomar un café con alguien a nivel profesional o tengas una comida de trabajo o de negocios, no te tomes el café o la comida sin más. No tiene nada de malo disfrutar de ellos, pero tu objetivo no es la manzana, sino la semilla. Antes de entrar en esa reunión, define la pepita. Piensa en TRES cosas que desees obtener de esa reunión y oriéntala de cara a ellas. De entre esas tres, identifica una, la principal, y no te levantes de la mesa hasta conseguirla. Primero asegúrate de que es alcanzable, y luego sé implacable al respecto de su consecución.

La falta de claridad y concreción en las cosas que hacemos es uno de los principales enemigos del éxito. No definir de antemano por qué estamos en esta reunión, qué nos reportará exactamente este acuerdo, qué es en detalle lo que esperamos obtener de la campaña que estamos lanzando o de la llamada de teléfono que estamos a punto de realizar significa dejarnos distraer por la manzana en lugar de buscar la pepita.

Para llegar a la pepita tan sólo formula insistentemente esta pregunta: ¿Para qué? ¿Para qué? ¿Para qué? Para qué voy a reunirme con esta persona. Para qué estoy aprendiendo este idioma. Para qué estoy yendo a clases de yoga. Para qué estoy concertando esta cita. Para qué pongo en marcha este proyecto. El «¿Para qué?» da foco a tu visión. Hace que se centre en un punto (o en tres), y convierte tu mente en un láser. Te hace identificar tu objetivo, la pepita, y te enfila hacia su consecución.

#88peldaños
Si te centras en la manzana, podrás comer una manzana.
Si te centras en la semilla, podrás comer muchas.
@anxo8BELTS

58. ¿VENDECIGARROS O VENDEHUMO?

Cuando 8Belts empezó a salir en todos los periódicos, las llamadas y los emails de desconocidos no tardaron en llegar. Algunas invitaciones a cenar, muchas a comer, pero sobre todo, con diferencia, el ganador era el café.

> —*¿Señor Anxo Pérez?*
> —*Sí. Soy yo.*
> —*He visto su entrevista en El País y creo que tenemos mucho en común. Me gustaría que quedáramos a tomar un café.*
> —*Ah, muy bien. Y ¿qué tiene en mente extraer de la reunión?*

(Éste es el famoso «¿para qué?» del Peldaño anterior camuflado a fin de no ir cosechando enemigos por el mundo... ;-)

> —*No. No tenía en mente nada concreto. Charlar y ver qué puede surgir. Seguro que salen cosas.*

¿Charlar? ¿Nada concreto? ¿Seguro que salen cosas?

En realidad mi interlocutor se equivocó de palabras. Lo que me quería decir realmente es:

Me llamo Bandera Roja. Si eres listo deberías darte cuenta de que cuando te encuentras con un Bandera Roja tu obligación es mantenerte alerta y entender que no tengo ningún plan en mente, que voy a consumir una o, si me dejas, dos horas de tu tiempo, vamos a disfrutar de un fabuloso café que es el mismo que te podrías tomar con cualquier persona que sí te aporte algo, y que saldremos dándonos un caluroso apretón de manos de una reunión que no llevará absolutamente a nada, ya que mi manzana no tiene pepita.

Yo, que era muy ingenuo y un recién llegado al mundo de los cafés, no sabía diferenciar a los Vendehumos de los Vendecigarros y, en lugar de captar el mensaje real, me quedaba con el aparente; con sus palabras en lugar de con los hechos. Ahora que ya tengo la experiencia que dan los golpes, he dado con la fórmula anti-humo:

Estimado señor BR: muchas gracias por su invitación y gracias por su interés en nuestro trabajo. Esto es lo que me gustaría que hiciéramos. Si es tan amable, le pido que me pase por escrito su propuesta de colaboración. Me ayudaría mucho, asimismo, que me detalle los tres principales objetivos que tiene en mente extraer de la reunión. Una vez nos haga llegar esa información, no tendrá de qué preocuparse. Seré yo quien se encargue personalmente de contactar con usted. Analizaremos su propuesta y puede estar seguro de que, en cuanto determinemos que es el momento correcto para ponernos en marcha, concertaremos esa cita.

De esta contestación quédate con varias cosas: primero, que no soy un irrespetuoso, sino que, a pesar de que no creo mucho en la propuesta, le doy las gracias por su interés en mí (el «nosotros» lo uso por deferencia y para no parecer pretencioso). Luego le pido concreción, que ya vimos que es el mayor amigo del éxito. Eso me va a dar el principal dato: si viene a venderme cigarros o si viene a venderme humo. Y por último, dejo la pelota en *mi* tejado, y no en el de él. Con esto le retiro el derecho a volver a contactar conmigo, ya que, si lo hace, siempre podré decirle: «¿recuerda que le dije que yo lo llamaría en cuanto vea que es el momento acertado? No tiene de qué preocuparse, ya que así lo haré». ¿Cuál es el truco? Lo he supeditado a una condición: que nosotros consideremos que es el momento adecuado para reunirnos. Y ese momento... puede llegar o no. El control se queda en nuestro lado.

Si efectivamente consigue indicarme sus tres objetivos concretos y especificar una propuesta clara e interesante, no sólo desearé reunirme con él, sino que valdrá la pena hacerlo. La diferencia entre proceder así y no hacerlo es la diferencia entre obtener resultados y fantasear sobre ellos.

#88peldaños
La concreción es la diferencia entre humo y cigarro.
Se triunfa vendiendo cigarros, no vendiendo humo.
@anxo8BELTS

59. ¿REGALO O ENVOLTORIO?

#88peldaños
Sacar títulos sin aprender es como ir en una rueda de
la fortuna y presumir de viajar.
@anxo8BELTS

Mi amiga Karyn acostumbra a decir que en las reuniones de negocios el más encorbatado suele ser quien menos manda. Su teoría es que el que menos se arregla es el que menos necesita impresionar y quien más se trajea es el que más necesita aparentar ser quien no es. Es una forma de contrapeso, diluir alguna carencia por dentro con exuberancia por fuera.

Hay muchos casos en los que seguro que esta teoría no se cumple, pero supongo que mi amiga tiene una parte de razón. Más allá de que la teoría sea cierta o incierta en el caso de la indumentaria, sí es cierta en numerosas otras áreas. Existe un grupo de personas que se preocupa más por el regalo y otro que se preocupa más por el envoltorio. Concentrarse en el regalo implica concentrarse en la esencia, en la parte real, mientras que hacerlo en el envoltorio supone vivir de cara a la galería. Ésta vez no es necesario indicar en cuál de los dos grupos yace el éxito. Obviamente en el primero. Pero ¿cómo saber si eres de los que prefieren regalos o paquetes?

Éste es el tipo de pregunta que dirime la disyuntiva:

¿Te preocupa más el conocimiento de tu cabeza o los títulos de tu pared? ¿Elegirías la mejor universidad o la más popular? ¿Prefieres un coche seguro o uno caro? ¿Te importa más lo que eres o lo que tienes? ¿Elegirías un destino turístico para poder disfrutarlo o para poder contarlo en redes sociales? ¿Buscas impresionar más con tu mente o con tu ropa? Y de tu ropa, ¿te interesa más su calidad o su marca?

Si eres de los que ha respondido «lo primero», entonces eres de los que prefiere el regalo. Si eres de los que ha respondido «lo segundo», entonces prefieres los paquetes. Lo primero es una realidad verdadera. Lo segundo es una realidad aparente. Ambas son realidades, la esencial y la percibida, pero solo la primera se encuentra en la ruta del éxito.

Dejarse seducir por el envoltorio es correr el riesgo de quedarse con un buen paquete y perderse un gran regalo

---

60. LA PIEDRA DEL ESCULTOR

#88peldaños
El mundo se hubiera quedado sin David si Miguel Ángel
se hubiera quedado sin piedra.
@anxo8BELTS

Puedes ser el mejor escultor del mundo, pero si no tienes piedra que tallar, tu talento se quedará en nada. Éste es uno de los aspectos que más me preocupaba cuando creé la metodología 8Belts. Podía ser la más revolucionaria del mundo, pero si el alumno no nos daba su dedicación, produciría el mismo resultado que el peor de los métodos, esto es, ninguno. La dedicación del alumno era nuestra piedra, la que necesitábamos para poder dar vida a nuestra escultura. Lo que teníamos que hacer era crear el ambiente más favorable para que el alumno se mantuviese constante en su estudio. ¿Cómo? Consiguiendo que disfrutara aprendiendo. La piedra representa la parte sobre la que no tenemos control, pero sin la cual no tendríamos éxito. Como no depende de ti, no puedes crearla, sino solamente propiciar el ambiente más favorable para que exista.

En el caso de 8Belts, cuando estábamos obsesionados con ese disfrute por parte del alumno, tras meses y meses discurriendo, al final dimos con la clave: contraté a un guionista de cine para que diseñara lo que acabó siendo la Ruta de los 8 Cinturones, la cual se desarrollaba en un antiguo templo chino con bolas de jade y porcelana, con unos progresos medidos por la Balanza del Saber y bajo la tutela de un personaje imaginario denominado el Sabio Ling. Ahora funciona como un videojuego. Es una *gamificación* del aprendizaje en la que todo el avance del alumno funciona por objetivos. Ésa es nuestra piedra del escultor sobre la que tallamos nuestra escultura a diario. Con ella motivamos al alumno para que nos dé los treinta minutos al día de estudio con los que hacemos nuestra magia. Sin ellos no habría resultado.

Si vas a crear una empresa web de recomendación de restaurantes, la clave no es que cuente con el mejor software del mundo, sino cómo conseguir implicar a la gente para que te haga llegar sus opiniones sobre los restaurantes. Si quieres resolver la pobreza a nivel mundial, no te obsesiones tanto con la idea y el plan perfectos (que son la parte que tu controlas), como en propiciar el seguimiento por parte de la sociedad (que es la parte que no controlas). En ambos casos, la idea te hace un magnífico escultor; pero si la gente no la sigue, te habrás quedado sin escultura. Piensa en propiciar la implicación y el seguimiento a tu idea tanto como en la idea en sí.

Voy a hacer una valoración atrevida sobre el mundo de los negocios: el siglo xx tenía una carencia de buenas ideas y de buenos planes. Yo defiendo que el siglo xxi no tendrá un problema de ideas, sino de seguidores de ellas. No de escultores, sino de piedras. En este siglo el número de ofertas que pelean entre sí por captar nuestra atención se ha multiplicado exponencialmente, por lo que ahora el nuevo problema reside en cómo superar a esos rivales y conseguir que te sigan a ti.

La clave no está en tener buenas ideas, sino en propiciar el ambiente que hace que otros las sigan.

61. ACORTA LA DISTANCIA ENTRE ESFUERZO Y PREMIO

El título de este Peldaño es la fórmula de la motivación, la misma que usamos en 8Belts para conseguir que los alumnos nos dieran la piedra sobre la que poder esculpir nuestra escultura.

Si consigues reducir la distancia entre el momento en que te esforzaste por algo y el momento en que le sacas partido directo a ese esfuerzo, le estarás diciendo a tu cerebro cuando disfrute del premio: «tu sacrificio ha valido la pena. Mantén el ánimo y sigue esforzándote para que pronto puedas obtener el siguiente premio». Si te gusta el pan y ves que introducir más masa en la cinta transportadora del horno se traduce en más barras unos minutos después, tendrás toda la motivación de poner más masa en el horno. Pero si primero tuvieras que descongelar la masa durante veinticuatro horas, seguramente no lo harías. ¿Por qué? Porque **esperar desmotiva**.

Si en el sistema tradicional de enseñanza se entendiera el secreto de este Peldaño, se podría hacer un par de ajustes que revolucionarían el aprendizaje académico. En vez de fomentar el sistema actual en el que empiezas a estudiar a los seis años y en muchos casos no le sacas partido hasta los veinticinco o treinta cuando encuentras trabajo, se le daría un vuelco para que en lugar de estudiar para *almacenar* información, se estudiase para *utilizar* la información. No se te enseñaría álgebra sin más, sino que se te darían cinco casos concretos donde en los próximos cinco días puedas hacer uso de lo aprendido en tu vida real. No se darían disertaciones sobre el Imperio romano alejadas de la realidad del alumno, sino que se proporcionaría cinco casos en los que a día de hoy vivimos como vivimos precisamente porque un día existió un Imperio romano que vivió como vivió, haciendo palpable el efecto de la historia sobre el presente. Todos aprenderíamos más cosas si se invirtiera más tiempo en explicar para qué valen y menos en qué consisten. Algo tan simple como aplicar lo que se aprende a tu realidad equivale a alentar el esfuerzo, ya que le otorga sentido. Observas tu propio esfuerzo y acto seguido entiendes por qué vale la pena seguirse esforzando.

Si se enseñara mejor, estudiar y aprender serían sinónimos.

Esto aplica a todo en la vida. La enseñanza y muchas otras áreas están necesitadas de las ventajas del Peldaño. ¿Cuánto mejoraría tu bienestar laboral si tu jefe te reconociese un trabajo bien hecho el día que lo hiciste y no un tiempo después? ¿Cómo sería tu empresa si el premio no lo definiese el día que ésta da beneficios, sino cada logro a lo largo del camino? ¿Qué sucedería con tu motivación al aprender un nuevo idioma si lo que aprendiste por la mañana te escuchas a ti mismo usándolo por la tarde? ¿Cuánto aumentaría el número de personas que aprendería a tocar un instrumento si te pudieran garantizar que en la fiesta de este sábado podrás tocar tu primera canción ante tus amigos? ¿Si se enseñara la práctica y luego la teoría, en lugar de al revés?

La clave está en dividir el objetivo global en pequeños objetivos, la comilona en bocados, y celebrar cada uno de ellos. Convertirlos en premios te permitirá unir cada esfuerzo con su premio y acortar la distancia existente entre ambos. Será fácil empezar la carrera y todavía más mantenerse en ella.

#88peldaños
No me enseña el mapa. Me enseña el camino.
@anxo8BELTS

62. ¿ERES PARTE DEL PROBLEMA O DE LA SOLUCIÓN?

Si existe el lado de los buenos y el lado de los malos, estoy seguro de que si en cualquier momento de la historia y en cualquier rincón del planeta parásemos a un ser humano para preguntarle en qué bando se encuentra, casi todos dirían «el bando bueno es aquél en el que yo me encuentro. Ellos son los malos». Lo más curioso es que si habláramos con el bando opuesto, la respuesta sería exactamente la misma.

Dado que todos consideramos que somos parte de la solución y nadie parte del problema, con este Peldaño buscaré disfrazarme de rey Salomón para ayudar a resolver la duda y saber cuál de los bandos tiene razón de forma fehaciente.

Cada vez que te quejas sin hacer nada al respecto de aquello de lo que te quejas, cada vez que no votas y luego te lamentas de los políticos elegidos, cada vez que repruebas algo sin dar alternativas, cada vez que reprochas sin aportar ideas, cada vez que frenas iniciativas no tomando las tuyas ni apoyando las de otros, cada vez que no te pronuncias ante un problema, cada vez que lo ves y lo ignoras, cada vez que esperas a que sea otro el primero en resolverlo, cada vez que buscas apagar el fuego con gasolina y acabas haciéndolo más grande... estás siendo parte del problema.

En cambio, eres parte de la solución cada vez que en cuanto tienes delante un problema que afecta a muchos, lo primero que piensas no es «¿cuándo *se pondrán* a resolverlo?», sino «¿cuándo *me pondré* a resolverlo?»; no «deberían resolverlo otros», sino «voy a resolverlo yo».

Ser parte de la solución consiste en contribuir a su consecución, bien creándola o bien apoyando a aquellos que la crean.

Existe una característica común a los países que menos rápido se han desarrollado y otra común a los que más rápido lo han hecho. En los primeros, cuando un líder emprende un proyecto y despunta, es objeto de críticas. En los segundos, es objeto de aplausos.

Quizá sea bueno para cada uno de nosotros pensar en qué lado se encuentra nuestro país y, más importante, en qué lado dentro de él estamos cada uno de nosotros. El colectivo que critica son aquellos que toman el éxito tuyo como una amenaza para ellos. Ven que tu lado de la balanza es el que está alzado y en lugar de tratar de equilibrarla subiendo el suyo, la intentan equilibrar bajando el tuyo. Entienden erróneamente que si tu vida empeora, automáticamente la de ellos mejora.

Es el grupo de los odiadores (parte del problema).

No sólo no corrigen el problema, sino que lo perpetúan.

Nadie se considera miembro de este grupo, pero «ojo», cada vez que hacemos una crítica destructiva a la iniciativa de alguien, sin cuidado, sin empatía, sin análisis y sin sugerir soluciones, hemos pisado su tobogán de entrada, con el peligro que eso conlleva.

El segundo grupo no sólo no ve el éxito ajeno como una amenaza, sino que se da cuenta de que apoyar la iniciativa de uno es fomentar un futuro mejor para nosotros, ya que de la iniciativa de ése nos beneficiamos todos.

Es el grupo de los alentadores (parte de la solución).

Cuando tienen ante sí el trabajo y la iniciativa de alguien, no piensan en a qué áreas pueden sacarle punta, sino en las horas de trabajo que les habrá costado llegar hasta ahí y el mérito que eso tiene. No qué pueden criticar, sino qué pueden aplaudir. Este grupo tiene como lema el siguiente: «Apoya la iniciativa primero. Cuestiónala después».

Tanto si remas como si apoyas al que rema, eres parte de la solución. Si no remas y además criticas, lo eres del problema.

Una lección que 8Belts como empresa me ha enseñado es a no permitir que ningún miembro del 8Team me presente un problema sin traer consigo dos posibles soluciones. Puede que las usemos o puede que no, pero al menos estaré consiguiendo que no sean parte del problema, sino parte de la solución.

63. LAS TRES CRÍTICAS

Existen tres tipos de críticas. Las altruistas, las egoístas y las envenenadas.

A medida que vas creciendo en tu ruta hacia el éxito, mucha gente, que te quiere bien, te dará una serie de consejos que tienen como única finalidad ayudarte. Ésos son los altruistas. Al mismo tiempo te verás abocado a escuchar un conjunto de consejos que ayudan más a quien los da que a quien los recibe. Ésos son los egoístas. Pero de ambos puedes aprender.

**Cuando te hagan una crítica constructiva,
no busques los motivos que la desmientan,
sino aquellos que pudieran confirmarla.**

Las críticas altruistas son perlas para el crecimiento. Abrázalas como un tesoro, ya que con ellas crecerás y de ellas aprenderás. Las críticas egoístas, aunque solo buscan liberar la frustración del que las da, suelen tener una parte de razón. Si las aceptas y encuentras esa razón, serán el viento sobre el que se sustenten tus alas. Deshecha la piel y quédate con el limón. Aunque su sabor sea amargo, su fruto te nutre.

Y por último, están las críticas envenenadas. Son críticas cuya única finalidad es destruir. Son injustificadas, infundadas e irrazonables. No deberían surgir, pero ten por seguro que surgirán.

Si estás a tiro de todos... alguno disparará seguro.

En el mundo existen dos grupos, los que hacen que el mundo sea un poco mejor y los que hacen que el mundo sea un poco peor. Este segundo es el grupo de los grises, gente que está descontenta con su vida y que lo único que está dispuesta a hacer para cambiar ese hecho no es mejorar su entorno, sino empeorar el tuyo.

Con esta información es muy importante que hagas dos cosas. La primera, evitar siempre realizar una crítica envenenada a fin de que nadie pueda clasificarte por ello como parte del grupo de los grises. La segunda, entender que las críticas envenenadas son el **precio del éxito**. A más éxito, más críticas destructivas. Blíndate ante ellas haciendo el esfuerzo deliberado de que no lleguen a tus oídos. Pero dado que algunas escaparán todos tus filtros, aprende a ponerlas en contexto: desacredita a tu oponente y limita al máximo el número de segundos que concedes a ponderar sus palabras. Es en estos momentos cuando debes anclarte aún más en tu misión a fin de pensar menos en el veneno. Cada segundo que le das a él se lo retiras a tu misión y alimentas su propósito. Pero por encima de todo evita entrar en un debate mental de por qué tu atacante no tienen razón, ya que sus críticas no son hijas de la razón, sino del desprecio. Tiene tanto sentido hacerlo como enfadarse con la lluvia.

Reflexiona sobre el mensaje de este Peldaño a fin de conocer cuándo se trata de una crítica del primer, del segundo o del tercer grupo, y gestionar su asimilación o rechazo adecuadamente. Apóyate en las constructivas para crecer como persona y toma las destructivas como lo que son: el precio del éxito. Si no te están criticando, lo más probable es que no estés creciendo.

> #88peldaños
> Si las adversidades son viento, conviértete en fuego.
> En lugar de extinguirte, te harán más grande.
> @anxo8BELTS

Ser conocedor de las barreras hacia el éxito es el primer paso para superarlas.

64. LA ADVERSIDAD: TU QUERIDO ENTRENADOR

Existe una correlación entre adversidad y éxito. No es de extrañar que las personas de gran éxito hayan tenido que superar grandes adversidades. El camino del éxito es un camino lleno de reveses porque ellos son el entrenador que te prepara para el éxito. Si has decidido emprender esa ruta, evita ser sorprendido cuando lleguen las adversidades, ya que la certeza de que llegarán es plena.

#88peldaños
Si has elegido el surf, no te quejes de las olas.
@anxo8BELTS

No dediques tiempo a si las olas llegarán o no, ya que lo harán. Dedícaselo a prepararte para su llegada y a cómo usarlas para impulsarte en lugar de abatirte. Sólo ten en mente dos cosas: las olas imaginadas siempre son más grandes que las reales y siempre duran menos.

La adversidad es el mejor de los instructores.

En el Peldaño 22 veíamos que un inversor debería elegir al emprendedor que ha fracasado más veces por encima de aquél que no lo ha hecho, ya que el primero ha sido pupilo de las adversidades y está entrenado por ellas. Está vacunado. Si esto es así, significa que es de vital importancia tomarse las adversidades no como el enemigo del éxito, sino justo como lo contrario. No son un obstáculo para el éxito, sino su canal. No te alejan del éxito, sino que te acercan a él. Las adversidades suponen recular un paso para luego acelerar diez. En primera instancia parecen ralentizar, pero en realidad son aceleradores del éxito.

El viento favorable ha convertido a muchos en más ricos, pero a ninguno en más fuerte. Da igual cómo sea de horrible la adversidad. Tú siempre eres libre de decidir cómo te la tomas.

El éxito no se alcanza a pesar de los reveses, sino gracias a ellos.

Cada revés que la vida te da es un libro de cocina con recetas para el crecimiento.

65. ¿ERES REACTIVO O PROACTIVO?

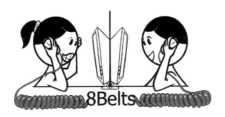

El éxito se encuentra en la proactividad, no en la reactividad.

Esta es la historia de dos peluqueras. Una se caracterizaba por ser reactiva y la otra proactiva.

La reactiva se limitaba a colgar la información en la puerta de su peluquería y simplemente responder a las preguntas que la gente le hacía.

—¿A qué hora abren?
—A las cinco.
—¿Cuánto cuesta el corte de pelo?
—30 euros.
—No estoy muy segura de qué tipo de corte hacerme.
—En cuanto concierte una cita, viene y lo vemos.
—De acuerdo. Pues yo les llamo si me interesa. Gracias.

Acababan haciendo uso de sus servicios una de cada diez personas que podían haberse quedado. Nueve de cada diez acudían a otra peluquería, y la décima restante se quedaba sólo porque no encontraba una alternativa mejor.

Así reaccionaba la peluquera proactiva ante una pregunta similar.

—¿A qué hora abre?

—A las cinco. ¿Tiene en mente hacerse un peinado o un corte de pelo?

—Un corte, pero no estoy muy segura de qué tipo de corte hacerme.

—Hagamos una cosa. Si tiene dos minutos, siéntese un momento y yo la peino sin ningún tipo de compromiso por su parte y le analizo qué le podría quedar bien.

—Qué amable. Gracias.

—Tiene una cara muy fina por lo que ahora mismo quizá tenga demasiado volumen en el pelo. El volumen le roba protagonismo a su rostro. Estoy segura de que lo que más realzaría su belleza sería cortarse un poco de los lados y parte del flequillo. Se va a encontrar guapísima.

—Sí, lo había pensado pero no paraba de darle vueltas porque me sentía insegura con todas las opciones.

—¿Qué le parece hacer una cita para esta tarde a las cinco o las seis? El precio son 80 euros. Le aseguro que quedará contenta. Si no lo está, le devolvemos su dinero.

—¿De verdad?

—Sí. Nunca nos ha sucedido.

Extraigamos lecciones: le hablaba con confianza, se creía lo que decía, no le mentía, la peluquería es su pasión por lo que es fácil para ella dar un consejo e implicarse en lo que dice, la sugestiona positivamente, pero por encima de todo, no lanza una semilla a ver si acaba germinando, sino que traza un camino para que germine. Es proactiva. Provoca el árbol. No espera a ver si surge.

Siempre digo que en la construcción de 8Belts y en el período de crecimiento posterior hasta alcanzar el éxito actual, yo he cometido todos los errores que se pueden cometer. Uno de ellos fue ser reactivos en las ventas durante el primer año. Error garrafal. ¿Resultado? Vendíamos tan poco que apenas llegábamos a fin de mes. Yo no entendía el porqué y me pasaba noches enteras dándole vueltas. Después de todo había dado con una fórmula que era única en el mundo. Pero lo que no sabía es que incluso la *fórmula de la Coca-Cola* necesita ser vendida. Un día me di cuenta de que la clave estaba en ser proactivo. No esperar a que el cliente se pronunciase, sino ofrecerle hacerlo. Desde aquel entonces todas las personas que prueban el producto reciben inevitablemente una llamada antes del fin de su prueba de un miembro de nuestro equipo. No es necesario que me creas. Puedes comprobarlo tú mismo. En este enlace te regalo ocho días para que conozcas qué tiene de singular la metodología y antes del octavo recibirás una llamada de alguien que te preguntará qué tal te ha ido y te ofrecerá la posibilidad de continuar. Nosotros hemos aprendido la lección. ¿Y tú?

www.8belts.com/88peldaños

#88peldaños
Ser reactivo es ceder el control. Ser proactivo es tenerlo.
@anxo8BELTS

66. LAS SEMILLAS Y EL AZAR

Es uno de los errores más cometidos. Envías tu currículum a un océano de currículums, o entregas tu tarjeta de visita a una persona muy importante, o mencionas tu nuevo proyecto en una cena, y ¿qué haces después? Te mantienes pendiente del teléfono esperando a que suene y convencido de que, en cuanto lo haga, ésa será tu gran oportunidad de demostrar tu valía y lograr tu objetivo.

Estoy convencido de que efectivamente los dejarás impresionados y les demostrarás esa gran valía. Hay solo un problema. Todo eso sucederá *si y sólo si* tu teléfono suena. Y eso no depende de ti.

Entonces es cuando respondes «sí, pero estoy plantando semillas». Es cierto. Las estás plantando pero no las estás dirigiendo. Plantas semillas y muy de vez en cuando sonará la flauta. Las semillas germinan y a veces hasta dan fruto. Pero que la flauta suene depende de que otro la toque. El control está en manos de ellos, no en las tuyas. Y como ya vimos, el que tiene el control tiene el triunfo.

#88peldaños
No me interesa cuántas semillas plantas,
sino cuántas acompañas hasta convertirse en árboles.
@anxo8BELTS

Mencionar a qué te dedicas con la esperanza de que de esa conversación te salga un cliente o un trabajo es lanzar semillas al aire con la esperanza de que alguna germine, pero ésa es la manera menos probable de obtener un árbol. Concibe el fruto como un resultado dirigido y deja de verlo como algo fruto del azar, aleatorio. Es dirigido cuando tú tomas la semilla, tú la plantas, tú la riegas, y tú cuidas y acompañas su crecimiento hasta que florece. Y es aleatorio cuando de todo eso se encargan (o no) otros. Mencionar lo que haces con la esperanza de que a alguien le puedan interesar tus servicios es algo etéreo, sin nombre, indefinido, sin fechas, sin plan, y lo etéreo es el mayor enemigo del éxito. Si hay algo en común a casi todos los 88 Peldaños del éxito es la concreción: la diferencia entre el humo y el cigarro, entre esperar y actuar, entre simplemente tener ideas y ponerse en marcha, entre gravitar hacia tu destino y elegirlo, entre el regalo y el envoltorio. En cambio, acompañar la semilla hasta que se convierte en árbol es provocar el resultado que buscas, es tener un plan, hablar de hechos en lugar de posibilidades.

He aquí un listado de frases que provocan el árbol, los resultados. Adoptar este vocabulario es poseer no semillas aleatorias, sino semillas dirigidas:

—Quiero contarte tres cosas que van a ser de gran interés para ti.

—Te propongo que...

—Yo creo que lo que deberíamos hacer es lo siguiente...

—Lo que yo espero obtener de la reunión de hoy es...

—Mis 3 objetivos para este encuentro son...

—¿Qué nos impide arrancar hoy mismo?

—Creo que tengo lo que necesitas. Dame sólo cinco minutos de tu tiempo.

—Dime una fecha de inicio.

—¿Hay algún paso previo o podemos arrancar hoy mismo?

—¿Qué opinas de las soluciones que te acabo de proponer?

—¿Qué aspectos de todo lo que te he contado te han impactado más?

—Dime dos cosas que podría hacer para facilitar la puesta en marcha.

—Cerremos la primera cita.

—¿Te parece si redactamos una propuesta ahora mismo?

—Tengo libre viernes y lunes. ¿Cuál te viene mejor?

—Me gustaría que empezáramos ya. ¿Hay algo que nos lo impida?

Todas estas frases son diamantes. Interiorízalas todas. Inhálalas como si de oxígeno se tratara. Representan la diferencia entre producir y observar lo que otros producen, provocar soluciones o esperar a que surjan, vivir el triunfo en primera en persona o vivirlo en segunda, ser protagonista o ser público, lanzar semillas al aire u obtener árboles.

Las semillas no producen árboles por azar. Podrás desconocerla o no, pero los frutos siempre tienen una causa. Provocar el árbol es entender esas causas que lo hacen posible.

Todos tenemos las semillas del éxito.
La diferencia está en que sólo algunos
deciden regarlas.

---

67. NO ANUNCIES. HAZ

**No cuentes diez cosas que vayas a hacer.
Cuenta una que ya has hecho.**

Todos los conocemos. Son personas que se pasan el día celebrando el potencial de las cosas, anunciando lo bonito y espectacular que es todo aquello... *que aún no han hecho.* Son anunciantes. Personas con las mejores intenciones y los mayores propósitos de acción pero cuyas acciones se quedan solo en propósitos. Si el mundo acabara siendo la mitad de lo que los anunciantes dicen que será, seguramente será el doble de bueno de lo que hubiera sido.

No sé si tú eres un maxianunciante o un minianunciante, pero todos hemos cometido el error en un momento u otro: tomar el potencial como si ya fuese realidad.

Mi mensaje a los anunciantes siempre es el mismo:

No celebres el potencial de lo que creas que va a suceder. Celebra el potencial de lo que ya ha sucedido.

Cuántas ventanas se han adquirido para casas que nunca llegaron a construirse y cuántas velas para barcos que nunca llegaron a zarpar. He tenido la oportunidad de vivir en numerosos países y puedo afirmar que el error de actuar sobre hechos hipotéticos y anunciarlos como reales es común a todos los seres humanos. Pero en la ruta hacia el éxito el potencial no encaja en ninguno de los Peldaños. A estas alturas del libro, seguro que ya has detectado el patrón común a todos los Peldaños: el éxito pasa por cuantificar cosas concretas, por dar pasos reales, por medir la distancia avanzada, por pasar de la idea a la acción. Y entre esta fórmula y el grupo opuesto, el potencial pertenece al segundo. El potencial es un miembro más de la fase-cero explicada en el Peldaño 21. En la teoría es buenísimo, pero en la práctica es inexistente. Sobre el papel es fácil pintar el mundo perfecto, pero...

Tener los planos no equivale a tener la casa.

El problema no es anunciar, sino atreverse a crear un mundo en torno a ello. Es un tema de credibilidad. No tiene nada de malo ilusionarse por algo que crees que va a suceder. El problema es que si estás extrayendo satisfacción de cosas que no acaban sucediendo, estás engañando al cerebro. Le estás pidiendo que abra un paquete con la ilusión de encontrarse un regalo que no había. Y si esto ocurre una y otra vez, llegará el día en que tu cerebro ya no se deje engañar y tu credibilidad ante ti mismo se desmorone. Si además tomas decisiones en base a ilusiones infundadas, puede llegar a ser hasta peligroso.

Antonio es dueño de una empresa de producción de aluminio. Cuenta con un director comercial que contempla a cada cliente potencial y cada posibilidad de venta no como potencial, sino como si fuera real. Es un anunciante. Ilusionado con todas sus acciones y potenciales resultados pero sin un plan concreto ni hechos realizados, acude al despacho de su jefe a contárselo con entusiasmo.

—Hoy me he reunido con un cliente que nos va a hacer millonarios. Necesita un millón de toneladas de aluminio. Va a ser la operación del año. Está prácticamente cerrada.

—¿Tanto? ¿Estás seguro?

—Sí. Es imposible que no se cierre. Y tengo pendientes varios pedidos más todavía mayores de cuatro empresas distintas, que los cerraré en los próximos meses.

Esa efusividad hace que su jefe entre en esa realidad paralela y tome una serie de decisiones que están alejadas de los hechos. Basándose en ese potencial, redimensiona la empresa e incurre en una serie de gastos e inversiones que lo hipotecan. Las expectativas del anunciante, que no estaban bien fundadas, no se cumplen y, unos meses después, el empresario, incapaz de asumir sus deudas, se ve obligado a cerrar la empresa.

Pasado el tiempo, Antonio abrió una nueva empresa. Aprendió la lección y esta vez contrató a un director comercial que sí realizaba estimaciones de aumento de ventas y de clientes, pero a diferencia del anterior, éstas no estaban basadas en las ilusiones, sino en datos medidos y hechos consumados. Cada vez que el director comercial entraba en el despacho de su jefe era para mostrarle un contrato firmado. El dueño asumió hipotecas a las que pudo hacer frente sin dificultades, la empresa creció a un ritmo proporcional a sus ingresos y acabó teniendo éxito.

Los anuncios vacíos conllevan el peligro de construir realidades paralelas que nunca llegan a materializarse. Esto es peligroso, pero lo es aún más tomar decisiones en base a ellas.

Cuando anuncias algo como si ya fuera a ocurrir, estás tomando prestada una ilusión del futuro que no te corresponde. Es como gastar el dinero que no tienes. Si no se cumple lo que anhelas, te decepcionarás, y si lo hace, no lo saborearás porque ya lo saboreaste antes.

Disfruta de la ilusión cuando corresponde disfrutar de ella, es decir, cuando sucede algo, no cuando podría suceder. Si esperas para ilusionarte por algo que puede suceder y al final no sucede, estarás protegido contra la decepción. Y si al final acaba ocurriendo, nunca será demasiado tarde para ilusionarte y disfrutarlo, pero ya en base a algo real, no hipotético.

Es muy importante no confundir este Peldaño con ser optimista. Ser optimista es bueno, valioso e incluso necesario. Es acertado hacer proyecciones de futuro y tener una visión positiva de lo que va a suceder, **pero en base a algo.** Ilusionarse es bueno; hacer castillos en el aire, no. Creer que el futuro va a ir bien da ánimos y es deseable, pero con una hoja de ruta que te proporcione un camino hasta tu destino. Hacer anuncios no es ser optimista, sino iluso. Es crear un mundo paralelo a la realidad y actuar como si fuese real. Las personas de éxito suelen ser muy positivas y tener una perspectiva favorable de lo que va a suceder, pero tienen una credibilidad alta ante sí mismos porque no han hecho anuncios vacíos de cosas que no acabaron sucediendo, sino cosas que sí ocurrieron porque estaban respaldadas por una base. El secreto de este Peldaño no está en despojarte del positivismo, sino en centrarte en proyecciones que son positivas *y además* fundadas, evitando los anuncios vacíos. Su buena aplicación hará que cada palabra que pronuncies valga oro; ante ti y ante todos.

#88peldaños
Saca el agua para celebrar el potencial.
Deja el champán para cuando el potencial se transforme en hechos.
@anxo8BELTS

68. LA FÁBULA DEL VELERO Y EL TRANSATLÁNTICO

*C*hema y Julián se dispusieron a dar la vuelta al mundo por mar. Chema provenía de una familia humilde que nunca tuvo grandes alardes. Era un chico inteligente, modesto, tímido, y de gran integridad. Siempre cumplía con todo aquello que prometía, era responsable y muy tenaz. Si se proponía algo, no cejaba hasta el día en que lo conseguía. Julián era un chico listo, de una familia adinerada, que también siempre conseguía lo que se proponía, pero no siempre de las formas más éticas. Era carismático y encantador a primera vista, pero el tiempo revelaba su verdadera personalidad. Se dirigía a la gente como un superior a sus súbditos, y en lugar de comunicar palabras, transmitía órdenes.

Para realizar su sueño, Chema juntó sus ahorros y compró un pequeño y modesto barco de vela de espacio reducido y que no contaba con grandes comodidades. Estéticamente dejaba mucho que desear, pero era robusto y seguro.

Julián decidió hacerlo a lo grande. Se compró un transatlántico que no parecía un barco, sino una ciudad flotante: catorce cubiertas, dos piscinas, tres discotecas, gimnasio, sauna, cine, varios restaurantes y numerosas cafeterías. El barco era de una belleza majestuosa y había sido diseñado para impactar. Había sólo un problema: tenía un minúsculo agujero en la parte inferior del casco.

Unos días después de haber zarpado, el transatlántico de Julián y toda su majestuosidad se hundían en medio del Pacífico. Chema y su velero no deslumbraron a ninguna de las personas que se encontraron a su paso ni navegaron a gran velocidad, pero llegaron a puerto y cumplieron su cometido.

El transatlántico de Julián era deslumbrante pero endeble. El velero de Chema, modesto pero robusto. Si Chema cumplió su objetivo es porque entendió que

el éxito no está en lo deslumbrante, sino en lo duradero.

A Julián le preocupaba deslumbrar en la salida. A Chema, impactar con su llegada.

Este Peldaño aplica a la persona con la que vas a pasar el resto de tu vida (o no), al socio con el que vas a montar tu negocio de éxito (o de fracaso), a los ejecutivos que vayas a contratar (o despedir), a la empresa en la que vayas a prosperar (o deprimirte), al estilo de vida en el que te vas a embarcar (o desembarcar), a la institución académica en la que te vas a formar (o «deformar»). De cada uno de ellos pregúntate «¿me deslumbrará más en la salida o en la llegada?» Cuando en todas estas áreas tengas que decantarte entre dos alternativas, no te decantes por la opción más intensa, atractiva o impactante en detrimento de la más perdurable. Ponte los lentes de largo alcance y elige la opción con más probabilidades de seguir a tu lado en el largo plazo. Elige a Chema y rechaza a Julián, a fin de no pasar por alto lo duradero en beneficio de lo atractivo.

#88peldaños
No permitas que el brillo de lo bello te ciegue
ante las virtudes de lo bueno.
@anxo8BELTS

69. QUE TU RIQUEZA NO TE HAGA POBRE

Uno de los mayores errores en la vida consiste en hacer del fin un medio y de los medios un fin. El dinero debe estar al servicio de la persona, no al contrario.

Hay dos tipos de dinero, uno perjudicial y otro beneficioso. Si tu objetivo es ganar dinero sin más, entonces el dinero es tu fin. Si tu objetivo es ganar dinero para emplearlo en un fin concreto, entonces ese dinero es un medio. El primer tipo es el perjudicial. No hace del dinero un camino, sino un destino, y eso es peligroso. El que te interesa es aquel que es puesto en perspectiva, que es contemplado como una herramienta para alcanzar algo mayor que el propio dinero.

Cuando deseas una casa o un coche más grandes para satisfacer unas ansias de gigantismo, el dinero que persigues para conseguirlo se convierte en dinero dañino. En cuanto efectúes tu compra disfrutarás de un período de ilusión que durará extremadamente poco y enseguida te lanzarás a por tu siguiente *presa* monetaria. Entrarás en un ciclo vicioso en el que el valor de ese dinero descenderá paulatinamente, al igual que lo hará tu respeto hacia él.

Cuando deseas un coche más grande porque te intranquiliza mucho la inseguridad o una casa más grande porque tienes una pasión por el arte y la pintura y llevas años deseando poder tener un inmenso cuarto donde dar rienda suelta a esa pasión y trabajando de cara a ello, el día que por fin inviertes ese dinero el período de ilusión no llegará a su fin, sino a su comienzo, ya que el dinero no era un fin en sí mismo, sino un medio para cubrir un deseo real, duradero.

El dinero no es importante para dar felicidad, pero sí para no quitarla.

Entiende la diferencia entre ambos a fin de no glorificar ni tampoco demonizar el dinero sin más. No glorifiques ninguno, y demoniza solo el perjudicial. El no perjudicial no solo es bueno y necesario, sino que es una herramienta con la mayor de las capacidades para ser constructiva y posibilitadora siempre y cuando se use adecuadamente. Para usarlo adecuadamente sólo

---

asegúrate de que el dinero es el elefante y tú el domador, y no al revés.

El dinero perjudicial es dinero-golosina: la deseas por capricho, su placer es efímero y tras comer varias seguidas, te empalaga. La satisfacción que extraerás de ese dinero no procede de aquello que vas a obtener, sino de la **anticipación** de su obtención. El otro tipo de dinero, el beneficioso, es dinero-vitamina: lo deseas para algo, su placer perdura y en lugar de empalagarte, te nutre porque te permite prosperar. En el primer caso, el día de la compra es el día en que tu placer termina. En el segundo, es el día en que tu placer empieza.

#88peldaños
El dinero que elimina necesidades, libera.
El que las crea, esclaviza.
@anxo8BELTS

Que tu riqueza no te haga pobre.

70. EN EL SIGLO XX, EL DINERO COMPRABA OBJETOS...

EN EL SIGLO XXI, COMPRA VIDA.

...Hay una diferencia significativa entre cómo usábamos el dinero en el siglo xx y cómo deberíamos hacerlo en el siglo xxi. En el siglo veinte el dinero compraba cosas. En el siglo xxi debería comprar acceso a ellas. Lo importante no es tener un barco o no tenerlo, sino poder disfrutar de él o no hacerlo. Cuando eres dueño del barco y lo disfrutas quince días al año, tienes quince días de placer y trescientos cincuenta de carga (mantenimiento, robos, tormentas, limpieza, puesta a punto). Cuando, en lugar de comprarlo, lo alquilas, tienes quince días de uso y trescientos cincuenta de paz. A la larga podrá salir más caro, pero invertir en la paz que da la diferencia de precio es invertir en vida.

Usar el dinero para obtener, no objetos, sino acceso a ellos ciertamente es una forma de comprar más vida, pero existe otra cuyos efectos son todavía mayores: alquilando parte de la vida de otros para tener más de la tuya. ¿Cómo? Contratando la ayuda de otros para nuestros quehaceres diarios, tanto domésticos como profesionales.

Parece obvio y, sin embargo, requiere un cambio de mentalidad que pocos realizan. Que tú realices ese cambio es el propósito de este Peldaño. Es necesario que aprendamos a NO hacer las cosas nosotros mismos. En el siglo XXI, gracias a internet, tenemos casi cualquier servicio a nuestro alcance, tanto online (se realiza a través de internet) como offline (se realiza en persona pero internet nos permite encontrarlo). Asimismo, esa explosión de servicios ha reducido mucho sus costes. Es por esto que nosotros deberíamos centrarnos en aquello que hacemos especialmente bien, esto es, lo que nos da de comer, y el resto de áreas deberíamos dejarlas en manos de aquellos que se dedican a ello ¿Por qué? Por tres motivos: dado que se dedican a ello, harán el trabajo mejor y más rápido que nosotros, nos ahorrará muchos quebraderos de cabeza, lo cual se traduce en vida, y nos ahorrará dinero.

¿Contratar a otra persona nos ahorra dinero?

Si tu salario por hora es de 50 euros, cada vez que contratas a una persona que te cobra 20 euros en lugar de hacer un trabajo tú mismo, no perdiste 20 euros, sino que ganaste 30 euros, que es la diferencia con lo que cuesta tu hora de trabajo. Si fuese de 100 euros por hora, entonces habrías ahorrado ochenta. Cada vez que haces tú mismo algo que podría hacer otra persona que gana menos por hora que tú, has perdido dinero. (Si gana más por hora que tú pero hace el trabajo en menos horas, se produciría el mismo resultado.)

La fuerza de este Peldaño no está tanto en ponerte al tanto de la importancia de externalizar las tareas que necesites que se lleven a cabo en tu vida como en despertar tu mente para conseguir que lo hagas. Lo único que necesitas es hacerlo la primera vez. Aquí te doy varios ejemplos:

—Ayudante informático: si existe un ámbito rey en la generación de frustración, es el ámbito de la tecnología. No te pelees con ella. Aprende su 20 por ciento más básico, y deja el 80 por ciento restante, el frustrante, en manos de un ayudante informático.

—Ayudante mañoso: haz lo siguiente la próxima vez que se te estropee la persiana de casa o se te rompa una bisagra de una puerta. En lugar de frustrarte, compra paz. Simplemente anota en un papel todos los desperfectos que necesitas que el ayudante repare y olvídate de ellos hasta el día que llegue a tu casa a arreglarlos. Muy importante: pídele que acuda a tu casa de forma regular, por ejemplo semanal, quincenal o mensualmente, según el número de tareas. Esto revolucionará tu paz mental.

—Servicios de limpieza y cuidado infantil: si bien estos dos servicios sí son ampliamente usados, aquí la vuelta de tuerca está en ampliar su rango. Llevarse a una limpiadora o niñera de vacaciones con la familia puede ser caro, pero lo que me interesa es el cambio de mentalidad que le otorga un valor mucho mayor. Es posible que, para poder contratar sus servicios, sea un acierto comprarse un coche más barato, dado que no es lo segundo, sino lo primero, lo que otorga más vida.

Y el más importante:

—Una asistente o secretaria virtual: gracias a internet existen miles de secretarias dispuestas a trabajar para ti desde sus casas a precios más que asequibles. Puedes contratar sus servicios para cualquier tarea que no requiera presencia física, y sólo cobran por las horas que trabajan. Entender el poder de este servicio es multiplicar exponencialmente tu vida. Problemas con tu operadora telefónica, con tu seguro del coche, fijar una cita médica, encontrar en tu zona a uno de los ayudantes anteriores, dar con un profesional que tu empresa necesita o investigar por internet un tema de vital importancia para un trabajo que estás realizando en la oficina hasta que encuentre la respuesta son tareas que un asistente virtual puede realizar por ti, y seguramente con mucha mayor celeridad.

Hacer uso de todos estos servicios es la diferencia entre vivir más o vivir menos, producir mucho en el trabajo o producir tan sólo un poco.

Prepárate para ver de una forma despiadadamente gráfica la magia de este Peldaño.

Supongamos que por el precio de unos asientos tapizados de tu nuevo coche te puedes costear un total de trescientas horas de trabajo de un informático, un ayudante mañoso, una limpiadora o canguro para tus vacaciones, y una secretaria virtual. Supongamos además que el asistente virtual, el informático y el manitas te van a evitar que errores de email y rupturas de cisternas y ventanas te arruinen el día varias veces, y la limpiadora o niñera que se echen a perder tus vacaciones. ¿Realmente crees que vale la pena perder la vida que suponen varios días de frustración o unas vacaciones irritantes por tener unos asientos tapizados?

Parece sorprendente y, sin embargo, ese error se comete un día tras otro en cada ciudad de cada provincia de cada país.

No digas «no puedo permitírmelo», ya que lo cierto es que no puedes no hacerlo. Conseguir tener a cinco personas de mano que te resuelvan la vida, te dará más vida.

#88peldaños
En el siglo xx el dinero compraba objetos.
En el siglo xxi, compra vida.
@anxo8BELTS

71. LA DERROTA. EL HERMANO DEL ÉXITO

¿Deberías estar dispuesto a perder más?
Sí. De hecho el peligro está en no estarlo.

Si estás dispuesto a perder un poco, aumentarás tus posibilidades de ganar mucho.

Ganar más requiere arriesgar más y necesariamente conlleva perder más. Es necesario arriesgarse a perder alguna batalla para poder ganar la guerra, ya que es el mismo riesgo que a veces produce derrotas el que te permite obtener grandes victorias.

Cuando tras cuatro años de investigación 8Belts estaba listo para lanzarse al mercado, en mi mente pensé que lo teníamos casi todo hecho. Después de todo, si tienes la idea perfecta y un producto único en el mundo... se venderá solo, ¿no?

Incorrecto.

Cuando el producto se lanzó y acabó el período de investigación inicial («inicial» porque en 8Belts la investigación sobre el idioma no tiene fin) no estaba todo hecho, sino todo por hacer. Teníamos que vender el producto activamente. Había sólo un problema. Que yo no tenía ni idea de cómo hacerlo.

Tras meses y meses en los que tuve que ir casi puerta a puerta convenciendo a potenciales clientes individualmente, tanto particulares como empresas, me di cuenta de que la clave estaba en arriesgar más y perder más para luego acabar ganando más.

Pusimos en marcha una colaboración con una asociación de universidades. Salió mal. Luego con un colegio de los de mayor prestigio de España. Volvió a salir mal. Lanzamos una operación de gran envergadura con el Gobierno chino, con viajes de ida y vuelta al país asiático a nuestra cuenta incluidos. Se tradujo en grandes pérdidas. Repartimos folletos por la calle. Desastroso. Compramos publicidad en periódicos especializados. Dinero tirado a la basura. Pusimos en marcha colaboraciones con asociaciones de padres adoptantes de niños nacidos en China, cámaras de comercio, y asociaciones vinculadas a China. El impacto fue inexistente, el coste alto y el beneficio negativo. Nada de eso valió la pena salvo por un motivo:

Si de diez cartas sobre la mesa una es el as que buscas, puedes fallar más de una vez, pero no más de nueve. Cada carta fracaso aumenta las probabilidades de que la siguiente sea la carta del éxito. Y el éxito llegó.

Pusimos en marcha una importantísima colaboración con el diario El Mundo, en aquel entonces segundo periódico de mayor tirada en lengua española. Aparecíamos en la portada del periódico digital y fuimos vistos por potenciales clientes de lugares de lo más recónditos, no solo del país, sino internacionalmente. Un gran éxito de ventas. Hablamos con las principales multinacionales de España que sabíamos tenían intereses en China. Hicimos lo posible para llegar a la cúpula en lugar de acceder desde abajo. Otro acierto. Contactamos con los principales medios de prensa y les explicamos que tenía sentido contar nuestra historia porque era un caso de éxito en medio de una de las peores crisis económicas y una historia de esperanza para otros. Su impacto para nosotros fue supremo. Lanzamos una arriesgada campaña en la que decíamos

«HABLA CHINO EN 8 MESES
O RECUPERA TU DINERO.

No te pedimos que nos creas. Sólo que nos permitas demostrártelo.»

Marcó un antes y un después. Estos cuatro aciertos junto con varios más se tradujeron en un enorme éxito en ventas e imagen de marca que nos hizo rozar el crecimiento exponencial en cuestión de dos años. Lo interesante de esta lección es que la ganancia posterior no solo justifica la pérdida inicial, sino que surge precisamente gracias a ella.

#88peldaños
El éxito no está en minimizar las pérdidas,
sino en maximizar los ganancias.
@anxo8BELTS

Y eso requiere asumir derrotas.

72. ACEPTA LA BASE DEL CUBO

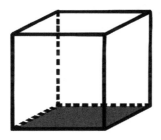

Si hay algo indudable de la figura geométrica que constituye el cubo es que siempre tiene una base y esa base siempre es su lado inferior. Representa el lado negativo de las cosas. Si en algún momento ese lado inferior te disgusta, podrás darle una patada y hacer que rote para que su lado más bajo deje de serlo, pero su lugar será ocupado por otro. Es imposible eliminar la cara de abajo. Puede ser sustituida pero no eliminada.

Eso mismo sucede en la vida con nuestra pareja, con nuestro trabajo, con nuestros proyectos, con nuestras vivencias y experiencias, con cada año nuevo que arranca. Siempre vienen con un lado inferior, negativo, que no puede ser cambiado, sino solo aceptado. Al igual que el cubo, todo en la vida tiene su lado inferior, pero también al igual que el cubo, todo tiene su lado superior.

Los que triunfan en la vida son los que no ven ni sólo el superior ni sólo el inferior, sino ambos. Buscan el lado superior para motivarse y son conscientes de la existencia del inferior desde el primer momento en el que entran en contacto con su *cubo* personal. No se dejan abatir por él, sino que lo aceptan. En definitiva, toman a cada persona, situación, idea o plan igual que tomarían un cubo; son conscientes de que todo tiene su lado superior y que éste debe ser encontrado, y que todo tiene su lado inferior y que éste debe ser aceptado.

Deja de hacer rotar el cubo para eliminar su base. Hacerlo no la elimina. Sólo la cambia de sitio.

#88peldaños
Acepta el lado inferior del cubo
y disfruta de sus cinco lados restantes.
@anxo8BELTS

73. NUNCA PIDAS DISCULPAS POR TU EDAD. TIENES LOS AÑOS QUE HAS VIVIDO

¿**C**uántas veces has oído las siguientes frases...?:

Vamos para viejos.
Nos hacemos mayores.
Ya no somos lo que éramos.
El tiempo pasa factura.
Si tuviera veinte años menos...

Seguro que algunas incluso las has empleado. Este Peldaño te va a explicar que eliminar todas ellas de tu vocabulario supone avanzar un paso más en tu ruta hacia el éxito.

En el mundo en que vivimos la sociedad es víctima de una glorificación de la juventud que es falsa, sesgada y peligrosa. Se venden los veinte años como si fueran los propietarios de la felicidad y muchas personas lo compran, pero es incierto. Por cada ventaja de tener veinte años que la gente ve, existe una desventaja que la gente no ve. Los veinte años tienen el mismo número de ventajas y desventajas que los sesenta. La clave está en en qué nos centramos. A los veinte años se tiene un cuerpo joven y bello, pero también muchas inseguridades que hacen que estés perdido en la vida. A los sesenta te falla un poco la vista, pero tienes la experiencia para saber afrontar casi cualquier mala noticia. A los veinte no tienes grandes responsabilidades, pero no dispones de la libertad que da la independencia económica. A los sesenta no sales de fiesta toda la noche (ni lo deseas) y no tienes que luchar por tu sitio en tu grupo de amigos.

Un día mi padre me dijo que mis problemas, siendo niño, no podían ser tan grandes como los suyos, que era un adulto. Yo, que tenía once años, sacudí la cabeza y le pedí que se sentase a mi lado:

—*Papá, ¿por qué yo calzo un treinta y tres y tú un cuarenta y tres?*
—*Porque la talla de tu pie es la de un treinta y tres y la del mío, un cuarenta y tres.*
—*Pues eso mismo pasa con los problemas. Los míos son igual de grandes para mí que los tuyos para ti. Igual que el tamaño de mi zapato es lo que mi pie puede llevar, la carga de mis problemas es la que mi cuerpo puede soportar. Los míos son igual de pesados para mi edad que los tuyos para la tuya. No los subestimes.*

Mi padre sonrió.

Ese mismo error lo cometemos a diario cuando de la juventud sólo vemos y sólo recordamos lo positivo y minimizamos lo negativo. No se tiene una vida más fácil por el mero hecho de ser más joven. Los problemas que teníamos de niños, de adolescentes o simplemente varios años atrás, eran grandes porque nuestra capacidad de resistirlos era pequeña. La edad da sosiego y la tranquilidad de que al final prácticamente todo se acaba resolviendo.

Existen muchísimas personas viejas con veinte años y jóvenes con ochenta. Yo tengo conocidos de ambos grupos. Cuando un chico de veinte años quema un verano tirado en el sofá o en la playa incapaz de vencer la desidia en lugar de hacer voluntariado, buscar algún tipo de trabajo, realizar un cursillo, leer un libro, o generar y poner en práctica una idea que produzca valor, está siendo un veinteañero viejo. Cuando una señora de ochenta años se pone a aprender un nuevo idioma o a abrir un blog (también las conozco), está siendo una octogenaria joven.

La juventud depende poco de la edad y mucho de la mentalidad. Si no lamentas tus años vividos, ¿por qué lamentar tu edad?

Si a los treinta años empieza tu edad productiva y a los noventa acabase, a los sesenta aún estás en el principio de tu segunda mitad.

#88peldaños
Tanto si te consideras viejo como si te consideras joven, tendrás razón.
@anxo8BELTS

Nunca pidas disculpas por tu edad. Tienes los años que has vivido.

74. NACER ES UN REGALO Y VIVIR ES ABRIRLO

Si el pasado ya no existe...

Y el futuro nunca llega (porque cuando llega deja de serlo)...

Sólo nos queda vivir a fondo lo único restante...

...El presente.

Vivir en el pasado es vivir en la nostalgia. Y vivir en el futuro es vivir en una hipótesis.

Ese futuro imaginado, por un lado, puede llegar o no. Por otro, hace que en lugar de vivir disfrutando de lo que tienes, vivas anhelando lo que podrías tener.

Cuando era niño me pasaba los días «esperando a que»: esperando a que llegasen las Navidades, esperando a que llegasen las vacaciones de Semana Santa, esperando a que llegasen las vacaciones de verano, esperando a que se acabara la escuela primaria, para luego esperar a que terminara la secundaria y luego la universidad.

Maduré el día en que me di cuenta del error tan grave que estaba cometiendo. Si los ladrillos constituyen mi casa y mis días son mis ladrillos, quemar mis días era quedarme sin casa, y por extensión quedarme sin vida. La diferencia principal entre ser niño y ser adulto, para mí, fue el aprecio y valoración de cada ladrillo sobre el que se asienta mi casa. He aprendido a no esperar a lo que sea que venga después, sino a di frutar de lo que sea que tengo en mi plato AHORA. He aprendido a disfrutar de lo que es en lugar de anhelar lo que podría ser.

Esto no significa no tener deseos. Los deseos no sólo no tiene nada de malo tenerlos, sino que además son necesarios para la superación. La diferencia está en no vivir de ellos. El contraste con mi mentalidad anterior es que antes tenía deseos y vivía esperándolos, mientras que ahora tengo deseos pero vivo disfrutando del presente, no esperando a que transcurra.

Ese deseo de disfrutar de la casa disfrutando de cada ladrillo es apreciar la vida y agradecer haber nacido. Si nacer es un regalo, disfrutarlo es dar las gracias a la vida. Y abrirlo es saber vivir, o, como decía un buen amigo «vivir con gusto». Es estar vivo, sabiendo reír, aceptando llorar. Es entender que

alimentarse es hacer crecer el cuerpo aprender es hacer crecer la mente.

Es atreverse para adquirir una paz, la que da poder mirar atrás y no lamentarnos de no habernos atrevido. Es tener el tipo de experiencias que nos consigan endulzar la mente al recordarlas. Es encontrar la gente con la que, sin compartirlas, no valdría la pena tenerlas. En definitiva,

vivir es hacer aquello que tiene significado y encontrar significado en aquello que hacemos.

75. PREOCÚPATE MENOS

La preocupación es la más fútil de todas las actividades del cerebro y quizá la única que solo ofrece desventajas. Es la que menos placer te da y la que más dolor te causa. Es entregar algo tan preciado como tu mente a algo tan nefasto como un problema. Es dar lo mejor de ti a la peor de las causas. Es como vestirse de gala para luego rebozarse en el barro.

Hasta hoy todavía no le he encontrado una sola ventaja.

La gente que más triunfa suele ser aquella que mejor gestiona la preocupación. Dado que gestionarla es importante para despejar tu camino hacia el éxito, te voy a dar tres consejos de cara a ese fin.

Primero. Sé consciente de que lo imaginado siempre es más terrorífico que lo real. El miedo es por naturaleza apocalíptico. Del abanico de opciones, siempre se concentra en la más nefasta, lo cual es un problema porque la imaginación agranda aún más ese abanico, por lo que lo malo se convierte en terrible y lo terrible en espeluznante. Sin embargo, no debes prestarle atención por un motivo: el miedo te embarca en un ominoso viaje que cuanto más dura más se aleja de la realidad. Si estás preocupado porque tu madre no contesta al teléfono, y de las dos hipótesis una es que le hayan robado el móvil, saqueado el apartamento, maniatado y amordazado, y la otra es que el móvil se quedó sin batería, quédate con la segunda.

Cuando te encuentres ante un hipotético problema, no des alas a tu mente.

Segundo. Recanaliza tu preocupación.

Permítete escuchar esa preocupación sólo en dos casos: cuando vayas a realizar una acción para poner fin al problema, o para planear esa acción. Si es tarde y no puedes hacer nada para resolver tu problema, anota en un papel tres cosas que vayas a hacer para resolver el problema al día siguiente nada más levantarte. Pero escríbelas sólo con una condición: prométete desconectar tu mente en el período inerte, esto es, el tiempo existente entre que anotas esas tres acciones y cuando las llevarás a cabo.

El mero hecho de saber que tienes un plan y que lo has anotado tendrá un efecto tranquilizador.

Y tercero. Sé consciente de que el 99 por ciento de las preocupaciones son por cosas que nunca van a producirse, y el 1 por ciento restante siempre se acaba resolviendo. Todo se acaba resolviendo, más tarde o más temprano. El planeta tiene un poder inexplicable de reencauzar sus aguas igual que la vida lo tiene de reencauzar los problemas. Te lo puedo demostrar con un simple ejercicio. Si tomas una hoja completamente en blanco, haces una lista de todas las preocupaciones que has tenido desde que eras niño y luego empiezas a borrar todas aquellas que ya no existen, lo más probable es que la hoja vuelva a quedar completamente en blanco. Ni siquiera una de ellas se ha mantenido. ¿Por qué? Porque las preocupaciones son por naturaleza pasajeras. Vienen y se van. Sin embargo, cuando estamos ante ellas las vemos como permanentes.

La próxima vez que te sobrevenga una preocupación contémplala como un reloj de arena que acaba de ser volteado. Puede que su fin llegue en horas, minutos o segundos, pero no cabe duda de que el tiempo juega en su contra.

Entender esto reducirá tu sufrimiento.

#88peldaños
Si el problema tiene solución, no hay de qué preocuparse.
Si no la tiene, ¿de qué sirve hacerlo?
@anxo8BELTS

76. LA PÓCIMA PARA ELIMINAR EL ARREPENTIMIENTO

Una de las peores losas con las que navegar por la vida es la losa del pasado. Nos arrepentimos de decisiones tomadas que creemos que no debimos tomar y de decisiones no tomadas que entendemos que sí debimos haber tomado. Primero nos sentimos culpables por el supuesto error, y luego nos acabamos mortificando y abatiendo por ello. Huelga decir que, cuando lo hacemos, nos construimos una barrera contra nuestro propio éxito, de ahí que normalmente se diga que somos nuestro mayor enemigo.

A lo largo de todos los Peldaños hemos ido limpiando la vía del éxito de toda la inmundicia que la ensucia y dificulta su tránsito, interponiéndose entre tú y tu objetivo. Los lamentos sobre decisiones del pasado son una carga que también forma parte de esa inmundicia y debe ser eliminada para despejar tu ruta al éxito. Aquí está la fórmula.

No evalúes tus decisiones en base a su resultado.

Hacerlo es valorarlas con información del futuro, pero no es justo evaluar con la información del futuro una decisión que tomaste en el pasado. La decisión puede ser buena aunque el resultado acabe siendo malo, porque...

(y esto es lo importante)

... tomaste la decisión que tomaste con la información que tenías en aquel momento.

Si decides comprar una casa porque consideras que es buen momento y te dará una seguridad a largo plazo, y al poco tiempo el mercado inmobiliario se desploma, los tipos de interés se disparan y el importe mensual de tu hipoteca se sitúa por las nubes, tu decisión seguirá siendo igual de buena que el primer día.

Incluso si perdieses tu trabajo, no pudieses hacer frente a la hipoteca y perdieras tu casa, tampoco podrías decir que tu decisión fue mala, porque todo eso son factores que no podías haber previsto y por tanto no entran dentro del círculo de factores que sí debes tener en cuenta para determinar si tu decisión fue buena o mala, esto es, los factores con los que contabas en el momento de tomar la decisión.

Puede ser que tomando en cuenta solo esos factores del pasado sí consideres que la decisión fue desacertada, pero incluso en ese caso la pócima se mantiene: dado que nadie toma decisiones en contra de sus intereses, si tomaste la decisión que tomaste fue porque *los factores con los que contabas* —tus sensaciones, predicciones, miedos, los consejos de terceros, y todo lo que pueda denominarse información en la que te basaste— todo eso te empujó a tomar esa decisión, y de hecho, si hoy volviesen a darse *exactamente* las mismas circunstancias, volverías a tomar la misma decisión.

Entender esto e interiorizarlo puede ser sinónimo de eliminar el arrepentimiento de tu vida, dejar de abatirte por cosas del pasado y centrarte exclusivamente en saborear tu presente y trabajar por tu futuro, aquél que contiene ese éxito que lleva tu nombre.

#88peldaños
Nunca juzgues una decisión del pasado con información del futuro.
@anxo8BELTS

77. CÓMO CONSEGUIR TRABAJO. CÓMO CONSEGUIR CLIENTES

Tanto si buscas encontrar empleo como si buscas encontrar clientes para tu empresa, existen dos semillas que contienen la fórmula del éxito y que son comunes a ambos: la claridad y la diferenciación.

Veamos cómo aplica la claridad al primer ámbito, la búsqueda de empleo.

La gente que busca un trabajo normalmente invierte su energía en solicitar ayuda de otros. Esto es un acierto, dado que la mayor parte de los trabajos se obtiene a través de alguien que se encuentra dentro, no fuera, de nuestra esfera de influencia. El problema no está en pedir la ayuda, sino en no saber explicar de forma cristalina qué tipo de ayuda se necesita realmente. Es un problema de **claridad**. La mayor parte de las veces la gente sí quiere ayudarte, pero no sabe cómo hacerlo. Tú eres el responsable de guiarlos por ese camino.

#88peldaños

Si no puedes explicar en un solo renglón cuál es tu trabajo, o encuentras un nuevo trabajo, o encuentras un nuevo renglón.

@anxo8BELTS

En el caso de la empresa, el problema más común a la hora de comunicar con claridad qué vendes reside en ser incapaz de explicar tu producto en una sola línea.

Cuando a principios de siglo Apple lanzó el iPod al mercado, tuvo un altísimo éxito en parte por saber comunicar de forma clara y sencilla en qué consistía su producto:

«1.000 canciones en tu bolsillo».

El primer eslogan de 8Belts fue «mide lo que aprendes», lo cual era terrible porque no decía nada. Con el tiempo lo fuimos mejorando hasta dar con «Habla chino en 8 meses», que sí comunica e impacta.

La gente estaría más dispuesta a ayudarte a vender tu producto y el boca a boca (o boca-oreja) se propagaría a mayor velocidad si supiera comunicarlo mejor. Y esa responsabilidad no es de ellos, sino nuestra. Que la gente sepa comunicar con claridad nuestro producto, depende de la claridad con que nosotros se lo comuniquemos a ellos.

La segunda semilla es la **diferenciación**.

Como veíamos en un Peldaño anterior, lo peor que puedes hacer para conseguir trabajo es enviar tu currículum a un mar de currículums al que diariamente abastecen miles de ríos con más currículums. Es cuestión de números. Si estás optando a un puesto al que también optan 999 personas más, tus probabilidades matemáticas de conseguirlo son exactamente una entre mil.

La clave está en la diferenciación.

Sé creativo. Haz una lista de lo que hace todo el mundo, a fin de hacer justo lo contrario. Recuerda que para conseguir un destino diferente es necesario tomar un camino distinto. Piensa por encima de todo en dos cosas. Qué habilidades y experiencia te hacen especial por un lado, y qué necesidades puedes suplir en una empresa, por otro.

Desde que lanzamos 8Belts.com he tenido que entrevistar a cientos de personas, y te puedo asegurar que no hay ningún empleador que no esté dispuesto a dar trabajo a una persona que haya identificado una necesidad que el empleador tiene y que él le demuestre que es capaz de eliminar. Si es necesario, trabaja gratis durante unos días para demostrar tu valía. Si te acaban dando el trabajo, esos días te habrán supuesto una excelente inversión.

En el caso de la empresa, la diferenciación pasa por saber qué diferencia a tu producto para luego usar la comunicación para ser percibido como tal. Todas las personas que venden ese producto deben poder responder a la pregunta «¿qué hace que tu producto sea único?» en cuestión de segundos. Si no lo hacen, o bien desconocen las virtudes del producto, en cuyo caso deben ser formados para ello, o bien el producto no las tiene, en cuyo caso deben ser creadas.

En ambos casos, la clave reside en alcanzar un único objetivo, el cual procede de ambas semillas: conseguir que nuestro interlocutor entienda claramente qué nos diferencia, a fin de que se quede con la sensación de que no comprar lo que vendemos sería un desacierto, tanto si el producto eres tú, como si es un servicio.

Ten conciencia de qué te diferencia y comunícalo con una claridad aplastante.

78. SÉ UN BUSCAVIDAS

—**O**ye, Anxo, estamos buscando a un acordeonista para un desfile que se va a celebrar en esta ciudad por carnaval. ¿Tú sabes tocar el acordeón?

—No.

—Pagamos 2.000 euros. ¿Sabes tocar el acordeón?

—Por supuesto que sí. ¿Cuánto tiempo tengo? :-)

Esta historia, contada con un poco de gracia, es algo que me sucedió con veintipocos años en Galicia. Me ofrecieron la posibilidad de tocar el acordeón, nunca lo había hecho y pensé que, dado que ya llevaba tocando el piano desde los cinco y lo había aprendido de forma autodidacta, no podría ser tan difícil. Me equivoqué. Fue tremendamente difícil. Los bajos, esos botones negros que la mano izquierda aprieta, ordenados por hileras horizontales y columnas oblicuas, me resultaron algo terriblemente complejo de dominar. Si en la mano derecha las notas van de una en una, como en el piano (DO-RE-MI-FA-SOL...), en la mano izquierda van de cuatro en cuatro (DO-FA-SI-MI-LA-RE...) —lo que en matemáticas sería de tres en tres—. El día del desfile yo parecía estar más en un velatorio que en carnaval, con dolores de espalda por el peso del instrumento y con mi ceño fruncido contando las notas de cuatro en cuatro.

El tiempo que me concedieron para conseguir defenderme realmente no fue mucho, y durante mis horas de ensayo, las prácticas me resultaron francamente duras, pero el hecho de que tuviera tan poco tiempo no fue un infortunio, sino una bendición.

¿Tener poco tiempo fue una bendición?

Existe una correlación inversamente proporcional entre tiempo disponible y velocidad de avance. Cuando el tiempo es menor, avanzas más porque la presión es mayor. Para muchos fui un temerario al comprometerme a tocar profesionalmente un instrumento que desconocía, pero en eso consiste ser un buscavidas. Es una forma de arrastre, donde primero lanzas la piedra el día que te comprometes, y luego la sigue el cuerpo en el momento en que te buscas la vida para cumplir lo prometido. Quizás sea de locos, pero de no ser así, hoy tal vez estaría escuchando la preciosa música de acordeón sólo cuando otros desean producirla.

Esta historia encierra un mensaje interesante y muy positivo.

Las personas de éxito triunfaron no porque hicieron cosas cuando el momento era el más adecuado, sino porque las hicieron a pesar de no serlo.

¡Qué chico tan listo que ya conocía ese principio con esa corta edad!

En absoluto.

Cuando yo di mi temerario Sí como respuesta a la propuesta, no tenía ni idea de la lección que yacía detrás y que la historia, solo tras recordarla, me enseñaría años después.

#88peldaños
Ser un buscavidas es no dar un No por respuesta.
@anxo8BELTS

79. LAS EXPERIENCIAS: LAS ARTERIAS DEL ÉXITO

No persigas el éxito. Persigue las experiencias, y ellas te llevarán a él.

El último año en que todavía podía definirme como un universitario me encontraba en Bélgica, en Bruselas, obteniendo mi quinta y última titulación: relaciones internacionales.

Antes del final del máster se cumplió uno de mis mayores sueños. Recibí una llamada nada menos que de la ONU con una oferta de trabajo para incorporarme a su plantilla con carácter inmediato para trabajar como consultor en un proyecto de desarrollo económico.

Lo que yo buscaba era la experiencia de estudiar una disciplina de gran interés para mí en un país cosmopolita, centroeuropeo y en el que pudiera practicar mil idiomas. La

ONU para mí representaba el éxito, pero no hubiera podido saber que acabaría llegando allí. Yo tan sólo busqué la experiencia, y ella me llevó a él.

Encárgate sólo de provocar las experiencias y ellas se encargarán de provocar el éxito.

Cuando llegué a Bruselas me encontraba sin trabajo y solo. Si el número de personas a las que podía llamar «conocidas» era limitado, el de amigos era inexistente. Por aquel entonces había dado varios conciertos en Estados Unidos de piano, guitarra y voz, pero ninguno en centroeuropa, por lo que empecé a coquetear con la idea de hacerlo. Deseaba vivir esa experiencia: conocer la reacción del público y descubrir ante qué tipo de música respondería mejor, averiguar si, como en Estados Unidos, era necesario cantar siempre en inglés, o, por el contrario, tendrían buena acogida las canciones en castellano, italiano, portugués o, por supuesto, francés (Bruselas es mayormente francófona). Como un pescador con su caña, yo abrí las redes de mi mente dispuesto a pescar experiencias.

Lo que empezó con un:

—*Ça vous dérange, si je joue un petit peu de piano?* [¿le molestaría si toco un poco el piano?]

Acabó siendo un:

—*Pourrions nous t'embaucher pour faire des concerts régulièrement?* [¿Podríamos contratarte para dar conciertos de manera regular?]

Yo sólo buscaba saciar el deseo de vivir una experiencia que consideraba interesante, pero a raíz de ella surgió un inesperado éxito que no podía haber sido provocado: acabé obteniendo un trabajo como pianista y cantante profesional que me ayudó a costearme los estudios al mismo tiempo que daba alas a mi pasión musical, y que me permitió hacer cientos de amigos que jamás hubiera podido conocer de no haber provocado la experiencia.

#88peldaños
Provocar experiencias inusuales
te hará encontrar tesoros inesperados.
@anxo8BELTS

80. ALGUNOS ESPERAN A QUE SALGA EL SOL. OTROS BAILAN EN LA LLUVIA

**Algunos esperan a que salga el Sol.
Otros bailan en la lluvia.**

Tres años después de la peor crisis que Europa conoció en muchos años, y exactamente tres años antes de su fin, cuando la economía española tocaba fondo y rozaba el hundimiento, yo tomaba la decisión de que 8Belts viera la luz y se echara a navegar en unas aguas no precisamente calmas: una tasa de paro de más del 25 por ciento de la población activa, recesión, la práctica totalidad de los bancos con sus líneas de crédito cerradas, destrucción de empleo a pasos agigantados, la mayor tasa de desaparición de empresas.

Cuando está lloviendo, miras a tu alrededor, no hay ningún sitio donde cobijarse y toda tu ropa está empapada... ¡Baila!

Eso fue precisamente lo que hice.

Miré a mi alrededor y, en medio de un ambiente desolador, vi una oportunidad para bailar. Y curiosamente bien podría haberlo hecho al son de una preciosa canción cubana que dice:

«Si del cielo te caen limones, haz limonada».

Estar en medio de la lluvia supuso sacar partido a una serie de ventajas que nunca se hubieran producido si las condiciones no hubieran sido desfavorables. Las oportunidades que la crisis nos ofreció fueron numerosas, pero hubo dos especialmente importantes. Por un lado, la gente que se quedó desempleada aprovechó el momento para mejorar su currículum y aumentar su formación, que es precisamente lo que nosotros vendíamos. Por otro, el hecho de que solo un reducidísimo número de empresas estuviese contratando produjo un inmenso desequilibrio entre los escasos puestos de trabajo disponibles y el excesivo número de personas con una elevada cualificación que deseaba acceder a ellos, lo cual nos permitió seleccionar y contratar a los mejores.

A día de hoy, 8Belts cuenta con un equipo de un enorme talento, con el que tal vez en otras circunstancias no hubiera podido contar. Si 8Belts ha tenido el éxito que ha tenido, no es gracias a mí, sino gracias a ellos.

El día que vimos la lluvia teníamos dos opciones: o quejarnos de ella, o buscar sus tesoros. Afortunadamente hicimos lo segundo.

#88peldaños
Si ves que diluvia, vende canoas.
@anxo8BELTS

81. ¿Y SI QUEMAMOS LA PALABRA «SUERTE»?

Eres de los que opina que las cosas ¿suceden o haces que sucedan? ¿Son provocadas o las provocas?

Si eres de los primeros, eres fan de la palabra «suerte». Si eres de los segundos, eres detractor. Existe una correlación entre los que menos creen en ella y los que más triunfan. Creer en la suerte es creer en la superstición, en una mano negra que te ayuda o perjudica de forma caprichosa y sin un porqué. Podría describirse como una religión, o más bien una secta, cuyo número de miembros al mundo interesaría reducir al máximo, ya que menos miembros en la secta se traduciría en más progreso en el mundo.

#88peldaños
Creer en la palabra «suerte» es creerse escultura en lugar de escultor.
@anxo8BELTS

Los adeptos de la palabra «suerte» consideran que las personas somos barcos a la deriva y el viento es nuestro capitán. Los que reniegan de ella afirman que somos barcos a motor, con un timón y un rumbo. No creer en la suerte es tener el control de nuestro destino. Creer en ella es cederlo. No me interesa que me hables de las circunstancias ni las coyunturas existentes, de que no eran favorables o de cómo eran de duras. Me interesa que me hables no de las circunstancias, sino de lo que tú creaste en medio de ellas.

En el éxito existen dos sacos. El saco dependiente incluye todas las variables que tú no puedes controlar: el momento en la historia, el clima, la sociedad en la que vives, el país donde naciste, la coyuntura económica, el apoyo de terceros. El saco independiente incluye todas las variables cuyo control sobre ellas sólo es ejercido por ti: tu trabajo, tu idea, tu proyecto, tu manera de llevarlo a cabo, tu visión, tu esfuerzo, tu liderazgo, tus valores, tu tenacidad, tu perseverancia, tu determinación. Los que creen en la suerte consideran que el saco dependiente siempre pesa más que el independiente. Defienden que si el número de factores adversos del saco dependiente es alto, el fracaso está justificado porque tuvieron «mala suerte».

Sin embargo, en esas mismas circunstancias tan adversas, en las que el saco dependiente pesaba tanto porque había una crisis económica terrible, una tasa de desempleo insólita o unas subvenciones que iban a concederse y al final se retiraron, ALGUIEN conseguirá aumentar las ventas en su empresa, encontrar el empleo de su vida, o lanzar su proyecto emprendedor con éxito.

Hay una razón especial para no creer en la palabra suerte, y es que con las mismas circunstancias adversas, esto es, sin lo que muchos llaman «suerte», unos triunfan y otros no.

Si ALGUIEN va a triunfar con unas condiciones adversas comunes para todos, no hay motivo por el que ese ALGUIEN no puedas ser tú.

Que lo seas o no depende de cuánto creas en el saco dependiente, el de la suerte, aquel que te dice que eres escultura, y cuánto creas en el saco independiente, aquel que te dice que eres escultor.

82. PERSIGUE LA EXCELENCIA CUANDO YA ERES EXCELENTE

Las empresas que son los números uno de cada campo son aquellas a las que les sigue obsesionando la búsqueda de la excelencia incluso cuando ya se han ganado el calificativo de excelentes. La excelencia es lo que hace que continúen mejorando el producto incluso cuando nadie está disconforme con él y cuando ni siquiera un solo cliente ha expresado una sola queja. Es aquello que las lleva a mejorar su producto cuando un aumento de la mejora no supone un aumento de los ingresos.

Ése era el sueño que yo tenía (y sigo teniendo) para 8Belts. Mi deseo era y es crear la mejor empresa que podamos crear y conseguirlo con el mayor perfeccionamiento del producto que podamos alcanzar. Tanto si el cliente lo pide como si no.

Buscar la excelencia es tener pasión por la optimización. No como medio, sino como fin.

Esto es algo que no surgió por azar y de lo que yo me diese cuenta años después, sino que es algo que llevaba incrustado en mi piel como el mayor de los deseos desde el día en que decidí crear la metodología y lanzar la empresa. Me obsesiona la excelencia. Creo en ella y creo que es la única cura contra la mediocridad en el mundo.

Sin embargo, hay una lección, la que subyace a este Peldaño, que sí me golpeó en la cabeza como una importante sorpresa:

#88peldaños
Buscar la excelencia sin buscar el éxito
es la mejor manera de encontrarlo.
@anxo8BELTS

Transcurría el segundo año de creación de la metodología 8Belts. Llegado un punto, el interés de mi familia y amigos y sus preguntas sobre «mi proyecto» hacían que me invadiera la vergüenza. Me sonrojaba reconocer que lo que en principio pensé que sería un trabajo de un mes ya me hubiese consumido veinticuatro... y lo que faltaba.

Para muchos, esos veinticuatro meses de mejora tras mejora eran un exceso y mis deseos de perfeccionamiento, infinitos. Estoy seguro de que nueve de cada diez emprendedores me hubieran desaconsejado seguir encerrado en el laboratorio lingüístico en el que me encontraba sumergido y lanzar ya. Después de todo, «siempre se puede (y debe) mejorar el producto sobre la marcha, una vez tengas la opinión del público. ¿Qué pasa con todos esos años de perfeccionamiento si al final el producto no tiene buena aceptación?»

Soy el primero en admitir que los consejos que me daban no eran desacertados, y de hecho, la teoría recomienda justo eso. Desarrolla el producto mínimo viable, lánzalo pronto, recoge todo el feedback posible, y corrígelo rápido.

Pero yo perseguía un sueño, y ya era demasiado tarde para soñar en pequeño. Sabía que si me salía mal, el batacazo sería enorme, dado todo el trabajo invertido.

Por aquel entonces, sólo tenía en mi equipo al programador y a un par de personas que me echaban una mano. Transcurrió el segundo año de desarrollo y luego un tercero. Por fin la empresa vio la luz tras nada menos que CUATRO años de trabajo a ciegas, esto es, sin tener la menor idea de si el mercado iba a decir Sí o iba a decir No. La respuesta la obtuve a los tres meses después del lanzamiento.

Dado que toda la metodología 8Belts se basa en la práctica, no se estudia para que la información sea almacenada, sino para que ésta sea utilizada. Para ello, cada cierto número de días de autoestudio en la Ruta 8Belts, el alumno mantiene una conversación real, en directo, para dar vida a todo lo aprendido con una persona nativa por internet. Llamé a Hugo por teléfono y le pregunté si le importaría que su próxima conversación en chino fuera conmigo en lugar de con un nativo de 8Belts. Me dijo que sería un placer.

Hugo era nuestro primer alumno, un chico encantador y tremendamente disciplinado, que en lugar de estudiar los treinta minutos que 8Belts exigía para conseguir hablar chino en ocho meses, estudiaba más de una hora todos los días. Quedamos en persona, en un Starbucks, y en lugar de la media hora estipulada, mantuvimos una conversación de nada menos que..

¡una hora!

En chino.

Exclusivamente en chino.

—Hugo, ¿te das cuenta de lo que acaba de suceder?

—¿Qué?

—Has mantenido una conversación en chino de una hora tras tan solo tres meses de estudio.

—Bueno. Es tu método. Jeje.

—¿Te das cuenta de que es posible que esto nunca haya sucedido? Es probable que sea la primera vez en la historia que alguien aprende un idioma como el chino en tres meses, desde su casa, sin siquiera haber pisado China. ¡Es inverosímil!

Ese día me di cuenta de que teníamos algo grande, un producto con un potencial inmenso, que no existía en ninguna parte del mundo. Y lo teníamos nosotros.

Me quedé estupefacto. Boquiabierto. Anonadado.

Pensé en las más de treinta mil horas de trabajo que había detrás de lo que acababa de suceder.

Pensé en todas las personas que me dijeron «lanza ya», «no te pases de perfeccionista», «la meticulosidad tiene un límite», «no te obsesiones con la excelencia».

Hugo me miró fijamente al rabillo de mi ojo derecho. En él se asomaba una lágrima que no se atrevió a caer.

Lo que sucedió después ya lo he contado: en los tres primeros años de vida un crecimiento del 2.000 por ciento, pasar de uno a cuarenta empleados, alumnos en más de treinta países, miles de alumnos suscritos, portada de todos los periódicos españoles, más de doscientas entrevistas incluido radio y TV internacionales, premio nacional Emprendedores.

La búsqueda de la excelencia siempre vale la pena.

Si eres primero y remas como primero, podrás ganar o no. Si eres primero y sigues remando como si fueras de último, ganarás seguro.

---

83. TEN-FE-EN-TI

Cuando era niño ni mi entorno ni mis profesores vieron nada de especial en mí. Nadie me ayudó a detectar mis pozos de petróleo y apenas escuché palabras alentadoras de los adultos que me rodeaban. Más bien lo contrario.

Existen cuatro palabras que forman una frase única, la cual me haría feliz que algún día algún gurú declare como la frase más poderosa del mundo:

«yo creo en ti».

Si quieres transformar para mejor la vida de una persona, tan sólo haz uso de ella y observa su explosividad.

Lamentablemente yo no tuve el privilegio de escucharla.

De hecho tuve una relación en Estados Unidos con una chica que sí me regaló unas palabras igual de explosivas, pero en la dirección contraria:

«Tú nunca llegarás a nada porque no tienes iniciativa. Eres buena persona, pero siempre serás un fracasado».

No, no fue un ataque de ira. Ojalá lo hubiera sido. Las creía realmente.

Cuánto poder tienen... y cuán destructivo.

La bauticé como la frase-tóxica. Ella sola estuvo apunto de hundirme.

Por suerte fui reconstruyendo mi autoestima, en parte por instinto de supervivencia, y en parte motivado por las palabras de la frase-tóxica. No había nada que desease más en el mundo que despojar esas palabras de toda legitimidad. Reorienté mi objetivo, afilé la espada en la que se convirtió mi mente y concentré mi energía como un soldador concentra el calor del soplete.

En tres ocasiones conseguí lograr que las mismas palabras que me tildaban de fracasado se convirtieran en el azúcar que aumentó la dulzura de mis tres victorias.

Éstas son, sin un orden cronológico concreto, mis tres historias. Las he denominado:

Ten-Fe-En-Ti-Uno, Ten-Fe-En-Ti-Dos, y Ten-Fe-En-Ti-Tres.

Durante mi estancia en el estado de Georgia trabajando de voluntario con los refugiados políticos de Bosnia tuve la oportunidad de conocer a CJ (así se hacía llamar, nunca llegué a conocer su nombre real), un afroamericano de dos metros, director de música en una iglesia baptista, el cual no solo impresionaba por su estatura, sino por su dominio del órgano Hammond y sus logros con su renombrado coro de música góspel. Le caí en gracia y durante meses me enseñó muchos de sus trucos musicales, los cuales me permitieron avanzar en el dominio de la música góspel. Cuando regresé al estado al que llamaba hogar, Virginia, me armé de fe en mí mismo para combatir aquellas funestas palabras que todavía rezumbaban en mi mente y me presenté a un puesto de director de música en una iglesia afroamericana. El reverendo no daba crédito:

—Not only are you not black, you're not even American. Can you really play gospel music? [No sólo no eres negro, sino que ni siquiera eres estadounidense. ¿De verdad sabes tocar música góspel?]

Me senté al piano, olvidé por un momento que estaba en una entrevista de trabajo, y muté, a fin de extraer lo mejor de mí. El rostro del reverendo se debatía entre expresiones de entusiasmo y descrédito a partes iguales. Unos minutos después, sus palabras confirmaban mis esperanzas:

—Brother, you've got the job *[Hermano, el trabajo es tuyo].*

No solo dirigí un coro cuyos miembros me doblaban la edad, sino que acabé siendo el primer español en Estados Unidos en convertirse en director de música góspel en una iglesia afroamericana.

Recordé las palabras de la persona que había sido mi pareja y sonreí.

Hasta ahí mi relato Ten-Fe-En-Ti-Uno.

El dos sucedió estando en China. Acababa de aprenderme una nueva canción en mandarín, la cual, tocada a la guitarra, no sonaba mal y conseguía extraer sonrisas entre los nativos. A los chinos, escuchar a un occidental cantando en su idioma les resulta todo un espectáculo, por lo que mis amigos reunieron a los suyos para formar entre todos ellos un público que, aún siendo reducido, era mayor del que yo deseaba, pues mi canción era el principio de mi repertorio... pero también el fin.

Meses después de mi «concierto de una canción» recibí un correo con uno de esos textos que supuestamente han sido reenviados alrededor del mundo en el que se me comunicaba que había ganado un concurso. Sin dudar lo marqué como correo no deseado y lo borré. Dos semanas más tarde volví a recibir el mismo correo, y al leerlo con más calma me fijé que decía «ha ganado usted un concurso en China, ANXO, ¿va a venir a recoger el premio o prefiere que se lo demos al siguiente participante?». Al ver mi nombre me di cuenta de que no era un email genérico, por lo que me leí la misiva entera con detenimiento.

Mis ojos no daban crédito.

Durante mi concierto de una canción había sucedido algo inaudito. Sin que yo me diese cuenta de ello, una de las personas de entre mi escaso público había grabado un vídeo de mi actuación y lo había enviado a un concurso de radio nacional para extranjeros cantando en chino. Las votaciones se realizaban por internet, y mi vídeo no solo estaba circulando por toda China, sino que ¡había salido ganador con 11.800 votos!

Yo era el primer asombrado.

Unas semanas después de la notificación me encontraba en China recordando cada una de las palabras de la frase-tóxica con una sonrisa dibujada de nuevo en mi cara, mientras disfrutaba del premio que acababan de otorgarme: un viaje cultural de ocho días por el país con todos los gastos pagados.

Ten-Fe-En-Ti-Tres tuvo lugar durante mi estancia en la ONU.

Me enteré de que iban a rodar un largometraje de bajo presupuesto en la zona y que el casting se iba a realizar en Ginebra, a unas manzanas de donde yo vivía. Una de las mitades de mi cerebro, la que todavía estaba infectada, me repetía la afirmación de que si decidía presentarme, bien me acabaría echando atrás porque no tenía iniciativa, bien acabaría con el rabo entre las piernas porque era un fracasado. Pero todavía me quedaba la otra mitad, aquella que sí tenía fe en mí y me decía que lo intentase.

Llegó el día, afloraron los nervios, me presenté a la prueba y efectivamente me acobardé. Hablé con la amable señorita que me recibió en la puerta, le confesé que no estaba preparado y le pregunté si podría darme otra hora para volver a intentarlo. «Justo acaban de cancelar para las 20.30h. Aprovecha esta vez tu segunda oportunidad.» Le di las gracias con insistencia y me fui corriendo a casa a estudiar la separata mientras mis palpitaciones se disparaban con el júbilo.

Volví a la hora señalada. Las palpitaciones recuperaron la velocidad de antes, aunque esta vez por miedo escénico. Mi interpretación fue desastrosa, pero milagrosamente no me dejaron fuera. Pasé la primera prueba, me llamaron para una segunda unos días después y finalmente para una tercera.

Una semana después se confirmaba lo insólito. ¡Acababa de conseguir el papel principal del largometraje!

No solo era mi primer casting y, por supuesto, mi primera película, sino que acababa de superar a decenas de actores que en experiencia me llevaban años de ventaja. Tras la llamada que me lo comunicó, recordé las miles de veces que la frase-tóxica me hizo dudar de mí mismo y rompí a llorar.

El rodaje transcurrió mayormente entre Francia, Ginebra, Nyon, y Zúrich y duró varios meses. Aunque después seguí trabajando en el cine en otro tipo de producciones, ése es el único largometraje en el que he participado. La experiencia fue enriquecedora y sencillamente preciosa, tanto como el día en que mi familia voló a Suiza para asistir al estreno.

La película cambió mi vida, y de hecho decidí dejar un puesto seguro en la ONU por el cine, dedicándome a ello por unos años.

Supongo que te preguntarás si he vuelto a tener contacto con la autora de la frase-tóxica y, sobre todo, si le he contado los tres relatos a modo de «trágate tus palabras». Lo cierto es que no. Intento alejarme de cualquier deseo de desquite o revancha y centrarme exclusivamente en mejorar como persona. El valor que yo veía en cada triunfo era poder recuperarme del daño de sus palabras, y no que ella tuviese que tragárselas. Buscaba curarme del daño más que dañar; evitar sentirme herido más que herir. Tanto ella como yo en aquellos momentos éramos inmaduros y estoy seguro de que hoy ella no usaría esas palabras, ni conmigo ni con nadie. Si bien el efecto de esa frase es tremendamente dañino y pernicioso, yo creo que ella nunca la dijo con la intención de agujerear mi autoestima. No le guardo ningún rencor.

Si hay un motivo por el que he relatado estas tres historias, es porque las frases-tóxicas son tan dolorosas para mí, como para ti, como para cualquiera, pero no debes creerlas. Debes usarlas como el escalón sobre el que colocar tu pie y tomar impulso para llegar aún más alto, y recordarlas solo para que tu triunfo, el día que llegue, gracias a ellas sea aún más dulce.

#88peldaños
Cree en ti mismo. Cada vez que lo haces conviertes
una gota de tu potencial...
... en dos.
@anxo8BELTS

84. ¿ERES DISPERSO O CENTRADO?

Dos soldadores, Disperso y Centrado, son llamados por Don Yossef, su jefe, para una prueba destinada a medir la eficacia de cada uno en el trabajo. Don Yossef les pidió que se vistieran en sus uniformes de trabajo y recogiesen todas sus herramientas habituales, pero para ser usadas en una tarea poco relacionada con los encargos de su día a día.

Esta vez tenían que usar sus sopletes no para soldar, sino para atravesar un muro de metal y conseguir, con el calor, abrir un boquete.

Disperso inspeccionó el muro, identificó el punto que consideró que era el más frágil, encendió su soplete, aplicó el calor en ese punto del muro metálico, observó que el muro no cedía y pasó a aplicarlo en un punto distinto. Tras unos minutos comprobó que el segundo punto tampoco respondía al calor, por lo que pasó a un tercero y luego a un cuarto y un quinto.

Centrado siguió el mismo proceso, identificó el mismo punto, y cuando vio que éste no cedía, hizo algo distinto a Disperso. No cambió de punto, sino que mantuvo paciente el calor sobre él. Tras unos minutos, comprobó que el metal apenas se había derretido, y *tras varias comprobaciones sucesivas, el resultado no había cambiado. Sin embargo, Centrado permaneció constante y centrado en su meta. No un poco de calor sobre varios puntos, sino todo el calor en un punto. Llegado un momento, la concentración de calor se volvió irresistible para ese punto del muro y Centrado consiguió derretirlo.*

Ambos aplicaron calor sobre el muro durante exactamente una hora. Disperso terminó con cinco hendiduras sobre sendos puntos del muro. Centrado acabó con un boquete sobre un único punto.

Lo impactante de esta historia reside en un hecho deslumbrante:

Tanto la cantidad de minutos como la cantidad de calor empleada por ambos es...

¡Exactamente la misma!

El mismo calor que en un caso produce una perforación, en el otro sólo produce hendiduras.

Concentrarse en los objetivos uno a uno hasta irlos consiguiendo y aplicar el foco en la vida tiene un enorme poder, igual que no aplicarlo tiene un importante peligro. El mismo esfuerzo que cuando se concentra en una única meta produce resultados, dividido entre muchas metas produce no el 90 por ciento del éxito, no el 50, y ni siquiera el 10, sino... NADA. Con el mismo calor con el que Centrado consiguió obtener un agujero en su muro, Disperso no obtuvo «medio agujero» o incluso «un cuarto». Obtuvo el mismo resultado que si nunca hubiera empezado: ninguno.

#88peldaños
Buscar el éxito en todo se traduce en no encontrarlo en nada.
Ten foco para tener éxito.
@anxo8BELTS

85. MANTENTE FIEL A TU VISIÓN

Emprender es resistir a las tentaciones. Es ponerse en marcha en una ruta plagada de sirenas y de ninfas que solo buscan distraerte. Te miran y te seducen con la única intención de conseguir que pongas tan solo un pie fuera de tu ruta, y en cuanto lo haces, ellas se encargan de que al pie le siga el resto del cuerpo.

> *«Nos gusta mucho tu producto. Consideramos que 8Belts es un método único en el mundo y queremos asociarnos contigo. No con la idea de vender cientos de Rutas (cursos), sino cientos de miles. Tan sólo tienes que descafeinar tu producto, reducir al máximo los costes [y por tanto la calidad] y así venderlo masivamente.»*

Ésa era la conversación (monólogo en realidad) entre David (yo) y Goliat, una empresa internacional con «capacidad para elevarte o hundirte» según sus propias palabras.

> *«Te recomendamos que no nos des un No por respuesta, porque eso no nos gusta.»*

Traducir la intención de lo segundo era sencillo, ya que era una amenaza en toda regla. Lo que me proponían con lo primero era retirar aquello que hacía que 8Belts fuese único, usar la reputación que nos habíamos ganado a pulso durante mucho tiempo, y utilizarla para quemar el producto masivamente durante un par de años para obtener el mayor beneficio posible.

La tentación duró poco.

A pesar de que esa gran empresa hubiera dejado sobre la mesa muy discretamente su particular amenaza sobre su capacidad no solo de elevar a una empresa pequeña como la nuestra, sino también de hundirla, haber aceptado esa propuesta hubiera supuesto ofrecer un producto que ya no podía prometer hablar chino en ocho meses o recuperar el dinero en caso de no cumplirse, por lo que de facto se eliminaba aquello que nos hacía únicos. Eso era algo que yo no iba a permitir. A ningún precio.

Mantenerte fiel a tu idea significa perder dinero por honrar una visión y perder en el corto plazo para ganar en el largo, que es aquél en el que el éxito reside.

Las ninfas y las sirenas son en realidad camaleones que aparecen con todo tipo de disfraces. A veces ni ellas mismas se dan cuenta de que lo son y ni siquiera tienen intenciones de serlo. Seducen no sólo a los emprendedores, sino a todos, ya que todos emprendemos de una forma u otra.

Cuando has decidido que vas a luchar por ser artista y tu familia te intenta disuadir de tu objetivo con el pretexto de que esa carrera no tiene salida, o cuando un amigo te dice que no dejes tu puesto de funcionario, el cual odias, para iniciar una carrera en la música, lo cual te apasiona, se trata de personas que te quieren y que desean lo mejor para ti, pero en ese momento juegan el papel de ninfas seductoras que buscan alejarte de tu objetivo. Y ni siquiera lo saben.

Cuando a un empresario le piden que además de su actual línea de negocio de exportación de vinos exporte productos tan dispares como gas natural, ordenadores, pañales o diamantes, es bueno que sepa que está ante ninfas seductoras y que el éxito suele hallarse más en el compromiso con la visión inicial que en la dispersión. Sí están permitidos los cambios de visión, pero deben ser pocos y muy estudiados.

El nivel de competitividad en el siglo XXI ha crecido con tal celeridad que el éxito ya no se consigue siendo uno más de un campo grande, sino el mejor de un campo pequeño, esto es, especializándose y manteniéndose fiel a esa especialización.

Desde el lanzamiento de 8Belts me han formulado propuestas en firme para añadir una línea de negocio de organización de viajes a Asia, ser una consultora de negocios en China, exportar aceitunas al extranjero, montar restaurantes en Hong Kong, enseñar música en menos de ocho meses, y hasta enseñar hebreo, polaco y húngaro.

#88peldaños
La perfección requiere foco.
@anxo8BELTS

86. CUANDO LA ALCANCES, NO TE LA QUEDES

Sí. Me refiero a la gloria.

El momento en que se alcanza el éxito es el más acertado para tener presente no la gloria, sino la humildad. Es el momento para rebotar la luz de los focos que se concentra en ti hacia todos aquellos que sonríen en la sombra y que también se merecen una parte de tu éxito cuando de una forma u otra han contribuido a él. Es cuando toda la gloria y el reconocimiento se centran en ti que es el mejor momento para permitir que esa gloria salpique a otros.

#88peldaños
Cuando alcanzas el éxito es el momento no de pensar «que bien hecho»,
sino de pensar «a quién debo decir: gracias».
@anxo8BELTS

Durante tu carrera hacia la cima ten muy presentes a todas las personas que te han ayudado a subir. Ten una lista con sus nombres si es necesario, pero pase lo que pase no seas ni inconsciente ni ingrato. Si durante la subida has identificado a aquellos a quienes les estás agradecido y has cultivado tu agradecimiento, éste es el momento de transmitirlo.

Sería un éxito si los momentos de éxito fueran también los de mayor gratitud.

Compartir tu grandeza te hará más grande.

---

87. LA VIDA ES UN TEATRO DONDE UNOS ACTÚAN Y OTROS OBSERVAN

Si has leído los Peldaños en orden (no hay por qué hacerlo), entonces estás al final de la Escalera. A estas alturas ya habrás identificado tus Peldaños de Oro, los cuales te recomiendo que escribas en la primera página de este libro en la sección de la DEDICATORIA. Si los vas a regalar, serán los Peldaños de Oro que tú dediques a otra persona. Si no es así, serán los que tú te dediques a ti mismo. Te recomiendo que lo hagas.

Tanto los Peldaños que te hayan aportado cosas nuevas como, especialmente, tus Peldaños de Oro son proyectiles, balas. TUS balas. Y como todas las balas tienen un escalofriante poder cuando acaban siendo usadas e inexistente cuando no.

El valor de todo lo que *Los 88 Peldaños del Éxito* haya despertado en tu mente es igual a cero si no haces algo concreto con ello. Para que leer este libro haya valido la pena es necesario que gracias a él tu vida sea algo mejor de lo que hubiera sido si no lo hubieras leído. Y para ello es necesario que *hagas* algo.

Ha llegado el momento de la verdad.

Te pido que identifiques tres acciones muy concretas que hagan que tu vida mejore y que te acerquen al menos un paso a aquello que tú definas como el éxito, tu éxito. Pueden ser áreas de desarrollo profesional como intentar ser ascendido, mejorar tus habilidades de negociación, reestructurar tu empresa o tu departamento, optimizar más la gestión de tu tiempo y el de tu equipo, explorar nuevas líneas de negocio, o contratar a un consultor para realizar un estudio de reducción de costos; de desarrollo personal como aprender un idioma, dominar un instrumento musical, aprender a pintar, a cocinar o a escribir; incorporar hobbies a tu vida como escalada, parapente, montar a caballo o hacer buceo; aumentar tu formación cursando un máster, una nueva carrera, estudiando en el extranjero; mejorar tu currículum haciendo unas prácticas en una multinacional o una pyme, siendo becario en una filial internacional de una empresa de tu país, o una rotación a una nueva área dentro de tu compañía; hacer voluntariado en un país en vías de desarrollo o en una organización benéfica local; mejorar tus relaciones interpersonales identificando y mejorando diversas áreas de tu personalidad; emprender publicando una revista, montando una empresa, una asociación, una ONG o incluso un blog; o simplemente pequeños cambios en tu vida de diversa índole que harán que ésta mejore, como donar más dinero, ser más amable, sonreír más, vencer la pereza, ser menos egoísta, o incluso aumentar tu curiosidad para leer más, escuchar más y viajar más. Las posibilidades realmente son ilimitadas. De entre todas ellas, tan solo encuentra tres.

¿Y si quiero mejorar 27?

No. Solo tres. ¿Recuerdas la Teoría del Descarte?

Sobre esas tres acciones te pido tres requisitos:

—ANOTA TUS TRES ACCIONES HOY MISMO: Hoy es el día que te lo pido, y hoy es el día que deberías hacerlo.

Mañana es el inicio de un nuevo período que ya no tiene que ver con hoy. El poder está en el presente. Sobre hoy tienes control, sobre mañana no. No deben ser llevadas a cabo hoy (¡o sí!), pero por favor sí comprométete a al menos anotarlas hoy mismo.

—FECHAS Y PLAN: en el Peldaño 14 veíamos que un objetivo solo es un objetivo si lleva una fecha y un plan. Para cada una de tus tres acciones define tres pasos para su consecución y marca una fecha para cada una de las acciones y cada uno de los pasos.

—COMPROMISO INQUEBRANTABLE: una vez hayas identificado las tres acciones que representan tus objetivos, los pasos que vas a dar para alcanzarlos y los plazos en los que lo harás, es necesario que realices tu compromiso contigo mismo y lo conviertas en irrompible. Anótalo en al menos dos lugares: en una pared o espejo que veas a diario y en una tarjeta del tamaño de una tarjeta de visita. Ella será tu brújula y te marcará tu norte. Llévala en tu bolsillo cada día y cada vez que insertes en él tu mano y te la encuentres, léela en voz alta.

De todas las reacciones posibles a la lectura de este libro, una es la de no hacer absolutamente nada. Esa es justo la única que te pido que no hagas.

> #88peldaños
> La vida es un teatro donde unos pocos actúan
> y otros observan.
> @anxo8BELTS

La sociedad necesita a ambos. Pero sólo los primeros mejoran el mundo.

88. SI LA SOCIEDAD TE HA DADO TU ÉXITO, UNA PARTE DE ÉL CORRESPONDE A ELLA

Aunque el anterior es el Peldaño de cierre, éste es el que me toca la vena sensible, y por eso lo he dejado para el final.

En el Peldaño 28 el pájaro nos enseñaba que el éxito son dos alas. Ahora que has alcanzado el fin de la Escalera y la mayor parte de los Peldaños se ha concentrado en el protagonista de tu éxito, tú, deseo que el pedestal que concede el último Peldaño no lo ocupes tú, sino tu generosidad. Para ello se centrará no en el ala derecha, la que habla de tu mérito, sino en la izquierda, aquella que habla de tu altruismo.

Independientemente de que tu éxito sea fruto de tu determinación (Peldaño 19), de que tú seas el que no vayas a permitir que te abatan los fracasos (Peldaño 22) o la frustración (Peldaño 51), el que aprendas a ser parte de la solución en lugar de ser parte del problema (Peldaño 62), a quemar la palabra suerte (Peldaño 81), a ser un buscavidas (Peldaño 78), a dejarte influir por los mejores (Peldaño 40), a tener fe en ti (Peldaño 83), a preguntarle la hora a un ciego (Peldaño 35), y que tú seas el responsable de conseguir aprender, interiorizar y aplicar las historias del trasatlántico (Peldaño 68), del cocinero (Peldaño 30), de las semillas (Peldaño 66), del cubo (Peldaño 72), de la botella (Peldaño 53), del escultor (Peldaño 60), o del soldador (Peldaño 84)... aunque todo eso sea mérito tuyo, y lo es, no alcanzarás tu éxito si estás tú solo en el mundo. No lo estás. Habrá una clientela que compre tu producto o una empresa que te dé trabajo, o unos socios, colaboradores, familiares, amigos, compañeros que acelerarán y facilitarán tu éxito, si no lo han hecho ya.

Cuando llega el éxito, llega la hora de compartirlo.

Si la sociedad te ha dado tu éxito, una parte de él corresponde a ella.

Éste es el plan que hará grande tu éxito:

Tanto si tienes mucho dinero como poco, si tienes una empresa como si eres empleado de otra, comparte tu bienestar. Desarrolla un hábito para donar una parte de tu riqueza a otros que lo necesiten más que tú. Si estás desempleado, dona una cantidad simbólica, pero hazlo. Lo importante no es cuánto dones, sino que lo hagas. Solo si te es imposible contribuir con dinero, hazlo con tu esfuerzo (mejor con ambos), bien ofreciendo tu trabajo como voluntario, o bien con acciones que estén dirigidas no a beneficiarte a ti, sino a otros.

Si has alcanzado el éxito, piensa antes en cómo compartirlo y después en cómo disfrutarlo. Mejor todavía, no lo compartas solo cuando alcances tu destino, sino a lo largo de todo tu camino. Mi sueño es que en el siglo XXI la economía de todas las empresas, pequeñas y grandes, cuenten en sus cuentas presupuestarias con una partida para causas benéficas, pero también que esta práctica se implante en la economía familiar y personal. Todos debemos dar más, ya que si existen motivos para estar agradecidos por tener las herramientas para luchar por nuestro éxito mientras gozamos de buena salud y libertad acompañados por aquellos que consideramos importantes para nosotros, ya tenemos más que miles de personas que darían mucho por tener todo aquello que nosotros tenemos, y eso nos convierte en...

... privilegiados.

Las personas que coexistamos en el siglo XXI seremos parte de uno de dos grupos, los que sí compartan su riqueza y los que no lo hagan. Si un mundo en el que la gente comparta te parece más deseable que un mundo en el que no la haga, si la idea te seduce, hazla real siendo parte del primer grupo, siendo parte de la solución en lugar de parte del problema. Mejora tu pieza y mejorarás el rompecabezas. Al igual que no tiramos un papel al suelo porque somos parte del grupo bueno, el que no ensucia, compartamos nuestra riqueza porque somos parte del grupo bueno, el que comparte.

Mucho antes de que 8Belts viera la luz yo deseaba que desde el día que lo hiciera fuera una empresa con un componente social. Me sentía privilegiado por lo mucho con lo que nací y lo muchísimo que me han dado después y eso me provocaba la necesidad de compartir ese privilegio. Decidí que desde el principio nos hermanásemos con un orfanato, el orfanato de Fuling en la provincia de Chongqing, en China, y que una parte de las cuotas de todos nuestros alumnos fuesen destinadas íntegramente a los niños que en él viven. Es un orfanato que acoge solo a niños con necesidades especiales, en el que residen niños con malformaciones, con síndrome de Down, albinos, con el labio leporino, autistas, varios sin dedos, y uno mudo. Yo he estado allí y los he conocido a todos de primera mano, tanto a los niños como a los responsables del orfanato, para saber cómo van a utilizar nuestros donativos. Debido a que no son considerados «normales» por las familias occidentales, sus posibilidades de ser adoptados son prácticamente nulas, por lo que el orfanato casi con toda probabilidad será su único hogar durante toda su infancia. Mi sueño es crear dentro del orfanato la Sala 8Belts con todas nuestras aportaciones, y que ésta se convierta en un espacio de actividades artísticas extraescolares. La música siempre ha sido muy importante para mí y considero que cualquier forma de arte en general tiene un poder inmenso para mitigar los efectos de una situación que podría ser traumática.

Satisfacer tu necesidad de ser altruista es el más bonito de los egoísmos.

Tengo una buena noticia para ti.

No sólo te invito a que compartas tu éxito, sino que, te anuncio que, de hecho, ya lo has hecho.

Una parte del importe que ha costado el libro que tienes en tus manos, ya está en el orfanato.

Todos mis ingresos por la venta de este libro, durante al menos las tres primeras ediciones,* irán destinados íntegramente al orfanato. Cada vez que tú adquieras un ejemplar tanto para ti como para regalarlo, estarás contribuyendo a una preciosa causa.

Enhorabuena por haberlo hecho ya.

#88peldaños
Si el éxito no se comparte, es que no lo es.
@anxo8BELTS

No. Esto no es el final del libro. Continúa aquí:

www.anxoperez.com

* Ampliado a las diez primeras ediciones.

TUS 10 MÁXIMAS

Bienvenido al final de la Escalera. Confío en que desde esta altura, a 88 peldaños del suelo, notes el éxito más a tu alcance, y que al mirar hacia abajo te deslumbre el resplandor de tus Peldaños de Oro. Te recomiendo que vuelvas a la primera página del libro, y los escribas en la sección DEDICATORIA. Haciéndolo ayudas a subir la Escalera a esa persona en quien pensaste mientras los leías. Si prefieres no dedicarlos y guardarlos para ti, adelante. Regálatelos.

Además, **y ésta es quizá la parte más bonita del libro, la que construyes tú,** te invito a que plantes aquí las 10 primeras semillas de tu éxito: **las 10 máximas** que más te han impactado, siendo la número 1 tu MÁXIMA DE ORO.

10 . . . .

9 . . . .

8 . . . .

7 . . . .

6 . . . .

5 ....

4 ....

3 ....

2 ....

TU MÁXIMA DE ORO

1 ....

INCONFÓRMATE con los 88 Peldaños, y accede al resto de la Escalera del Éxito:

@anxo8BELTS
www.anxoperez.com

AGRADECIMIENTOS

A toda mi «ala izquierda» (Peldaño 28) y en especial a mi amiga, mi compañera, mi educadora y mi consejera. Nunca dejaré de aprender de ti.

El mundo necesita más gente como tú, mamá.